Pe. Valter Maurício Goedert

A Constituição Litúrgica do Concílio Vaticano II

A *Sacrosanctum Concilium* a seu alcance

EDITORA
AVE-MARIA

© 2013 by Editora Ave-Maria. All rights reserved.
Rua Martim Francisco, 636 – 01226-000 – São Paulo, SP – Brasil
Tel.: (11) 3823-1060/3826-6111 • Fax: (11) 3660-7959
Televendas: 0800-7730 456
editorial@avemaria.com.br • comercial@avemaria.com.br
www.avemaria.com.br

ISBN: 978-85-276-1439-9

Capa: Bruno Dias

Dados Internacionais de Catalogação na Publicação (CIP)
Angélica Ilacqua CRB-8/7057

Goedert, Valter Maurício
A constituição litúrgica do Concílio Vaticano II: A Sacrosanctum Concilium a seu alcance / Valter Maurício Goedert. – São Paulo: Editora Ave-Maria, 2013. 144 p.

Bibliografia
ISBN: 978-85-276-1439-9

1. Igreja Católica - Liturgia. I. Título

CDD 242.2

Índice para catálogo sistemático:
1. Igreja Católica - Liturgia   242.2

Diretor-Geral: Marcos Antônio Mendes, CMF
Diretor Editorial: Luís Erlin Gordo, CMF
Gerente Editorial: Valdeci Toledo
Editora Assistente: Carol Rodrigues
Preparação e Revisão: Enymilia Guimarães e Maria Alice Gonçalves
Diagramação: Ponto Inicial Estúdio Gráfico e Editorial
Produção Gráfica: Carlos Eduardo Paulino de Sousa
Impressão e acabamento: Gráfica Ave-Maria

A Editora Ave-Maria faz parte do Grupo de Editores Claretianos (Claret Publishing Group).
Bangalore • Barcelona • Buenos Aires • Chennai • Macau • Madri • Manila • São Paulo

Sumário

Prefácio 5

Introdução 9

Capítulo I - A liturgia no Concílio Vaticano II 11

Capítulo II - Princípios gerais da reforma litúrgica 15

Capítulo III - A liturgia, momento histórico da salvação 27

Capítulo IV - Liturgia, celebração do mistério pascal 31

Capítulo V - Liturgia, exercício do sacerdócio de Cristo 35

Capítulo VI - Sacerdócio ministerial e comum dos fiéis 39

Capítulo VII - Participação na liturgia 45

Capítulo VIII - Pastoral litúrgica 55

Capítulo IX - O mistério eucarístico 63

Capítulo X - Os sacramentos 75

Capítulo XI - Os sacramentais 81

Capítulo XII - A Liturgia das Horas 91

Capítulo XIII - O ano litúrgico 107

Capítulo IV - Música sacra e arte sacra 133

Referências bibliográficas 141

Prefácio

Concluía-se, em Roma, a Semana de Oração pela Unidade dos Cristãos. Na festa da conversão do apóstolo dos gentios, na Basílica de São Paulo fora dos Muros, o Papa João XXIII anunciou a realização de um Concílio Ecumênico, o que foi recebido "com impressionante e devoto silêncio" pelos 17 cardeais presentes.

Era 25 de janeiro de 1959: um dia memorável que desencadeou um dos fatos históricos mais importantes do século XX!

Ao entusiasmo de muitos, logo se contrapôs a resistência de poucos, mas influentes, integrantes da Cúria Romana. No ano em que se abririam as portas da Basílica de São Pedro para o início do Vaticano II, oito meses antes vem a público a Constituição Apostólica *Veterum Sapientiae*, reiterando a obrigação do latim não só na liturgia, mas também durante o próprio Concílio.

Lê-se no documento que "não só universal, mas também imutável deve ser a língua usada pela Igreja, pois, se as verdades da Igreja Católica fossem confiadas a algumas ou a muitas línguas modernas, nenhuma das quais tivesse mais autoridade que as outras, de certo aconteceria que, variadas como são, a muitos não ficaria patente, com suficiente precisão e clareza, o sentido dessas verdades e, de outro lado, não haveria nenhuma língua que pudesse servir de norma comum e constante, sobre a qual regulasse o sentido exato das outras línguas".

E as outras línguas, vulgares, poriam de lado o latim, língua repleta de nobreza e majestade!

Em uma das "Mensagens dos Bispos ao povo brasileiro", no fim de 1963, referindo-se à renovação litúrgica sancionada pela

Sacrosanctum Concilium, eles afirmam: "Esta renovação – disso temos certeza – nos dará um cristianismo marcado cada vez mais pela opção consciente e não pela simples adesão a um rumo histórico e tradicional".

No limiar do terceiro milênio, o Beato João Paulo II escreveu: "Sinto ainda mais intensamente o dever de indicar o Concílio como a grande graça que beneficiou a Igreja no século XX: nele se encontra uma bússola segura para nos orientar no caminho do século que começa" (*Novo millennio ineunte*, 57).

Referindo-se a essa manifestação, o Papa Bento XVI afirmou: "Penso que esta imagem seja eloquente. Os documentos do Concílio Vaticano II [...] são também para o nosso tempo uma bússola que permite à barca da Igreja fazer-se ao largo, no meio de tempestades ou de ondas calmas e tranquilas, para navegar com segurança e chegar à meta".

É sobre um dos documentos mais importantes desse acontecimento eclesial – a Constituição Litúrgica do Concílio Vaticano II – que o Pe. Valter Maurício Goedert se debruça, analisando-a com segurança e fidelidade e tratando de temas profundos com simplicidade e objetividade.

Ele mesmo ressalta, na Introdução, que pretende nos ajudar a ter "uma melhor compreensão das orientações conciliares no tocante à celebração do mistério pascal de Jesus Cristo", pois a liturgia constitui uma "ação sagrada por excelência, cuja eficácia, no mesmo título e grau, não é igualada por nenhuma outra ação da Igreja" (SC 7).

Ler o que Pe. Valter escreve a respeito da *Sacrosanctum Concilium* é perscrutar o documento conciliar com um novo olhar, com um entendimento que vai superando as dificuldades e descobrindo os benefícios presentes e futuros que a nova norma da Igreja trará para nossas celebrações.

É chegado o tempo em que não cabem mais celebrações eucarísticas presididas por alguém que dá as costas aos fiéis; é chegado o tempo de compreendermos o que é dito e feito na Santa Missa, participando dela de forma ativa e proveitosa, assim como de todos os outros atos litúrgicos.

Quanto mais entendermos a ação litúrgica de que participamos, mais poderemos alimentar-nos dela, transformando nossa vida. Compreenderemos para amar e amaremos para compreender, suscitando em nossos corações "um novo fervor, um novo amor, como que um novo espírito" (Paulo VI).

E, assim, daremos glória a Deus e nos santificaremos. Isso também será possível graças a este excelente livro que começaremos a ler agora. Obrigado, Pe. Valter!

Prof. Carlos Martendal

Introdução

Por ocasião dos cinquenta anos do Concílio Vaticano II, muitas publicações vêm refletindo sobre os diferentes aspectos da reforma conciliar, todas elas pertinentes e valiosas. O Concílio propôs uma fonte inesgotável de elementos fundamentais da vida da Igreja no diálogo com a pós-modernidade, que precisam ser continuamente aprofundados diante da nova evangelização.

O livro que ora ofereço aos agentes de pastoral tem por objetivo retomar temas importantes da Constituição Litúrgica *Sacrosanctum Concilium*, visando a uma melhor compreensão das orientações conciliares no tocante à celebração do mistério pascal de Jesus Cristo. Como ação de Cristo e de seu corpo, que é a Igreja, a liturgia constitui "uma ação sagrada por excelência, cuja eficácia, no mesmo título e grau, não é igualada por nenhuma outra ação da Igreja" (SC 7).

Espero contribuir para que possamos não somente redescobrir as riquezas que o Concílio nos deixou como herança, mas também tirar desse tesouro coisas novas e velhas (Mt 13,52).

Capítulo I

A liturgia no Concílio Vaticano II

Ao celebrar os cinquenta anos do início do Concílio Vaticano II, a Igreja retoma, com novo ardor e renovado entusiasmo, uma reflexão sistemática sobre os textos e os ensinamentos conciliares. Creio ser o momento oportuno para redescobrir as riquezas ali contidas, mas, acima de tudo, uma ocasião para aprofundar temas essenciais à vida da Igreja, por vezes abordados e transmitidos de modo inadequado, com base em uma visão superficial, sem a devida profundidade. Tem-se a impressão de que, em muitos segmentos da vida da Igreja, a renovação desejada pelo Concílio se ateve ao exterior, ao epidérmico, e não incorporou a compreensão do verdadeiro mistério da Igreja.

Sente-se, em vários setores da vida eclesial, de um lado, uma decepção difusa por não termos conseguido, como era de desejar, uma renovação mais consistente, mais duradoura, mais efetiva. Por outro lado, vivemos um momento de impasse. Houve avanços significativos, mas também fortes resistências ao novo momento eclesial inaugurado pelo Concílio. Essas reações não só persistem em nossos dias, como também são responsáveis pelo processo de volta ao passado, de retorno à tradição do Concílio de Trento, causando perplexidade e incertezas.

É bem verdade que o Concílio de Trento (1545-1563) já havia posto em relevo as duas mesas: a da Palavra de Deus e a da refeição do Senhor. No entanto, a gravidade dos abusos que se tinham introduzido nas celebrações monopolizou a atenção dos padres conciliares. O Papa Pio V (1566-1572), depositário fiel das intenções do Concílio de Trento, ao compor os novos livros litúrgicos tinha como grande objetivo reconduzir os fiéis à oração da Igreja. O Papa Sixto V (1585-1590) instituiu as Congregações Romanas, entre elas a Congregação para os Ritos Sagrados e os Sacramentos. Do século XVII ao XX, o excesso da dimensão jurídica e a casuística litúrgica tomaram lugar preponderante no culto, na prática e no ensino da liturgia.

O movimento litúrgico dos séculos XIX e XX, inspirado nas fontes da celebração e da espiritualidade da Igreja primitiva, resgatou, sobretudo, a participação ativa, consciente e plena dos cristãos na liturgia, enfatizando as dimensões teológica, espiritual e pastoral. O magistério da Igreja assumiu os grandes temas do movimento litúrgico.

O Papa Pio X (1903-1914), particularmente no *Motu Proprio Tra le sollecitudini* (1903), manifestou a intenção de promover a participação ativa nos sacrossantos mistérios e na oração pública da Igreja (Introdução). O Papa Pio XII (1939-1958) deu um passo importante ao assumir as principais propostas do movimento litúrgico na Encíclica *Mediator Dei* (1947), dando-lhes o aval do magistério oficial da Igreja.

Ao anunciar o Concílio Vaticano II (25 de janeiro de 1959), o Papa João XXIII pretendia promover uma renovação na vida da Igreja. Os temas trabalhados nos períodos antepreparatório e preparatório do Concílio foram decisivos para as proposições dos textos a serem discutidos em aula conciliar. A temática foi retomada e amplamente examinada na elaboração da Constituição Litúrgica *Sacrosanctum Concilium*.

No discurso inaugural do Concílio Vaticano II, João XXIII evidenciou os objetivos principais do Concílio: retomar a doutrina da Igreja, recebida de Cristo, e expô-la numa linguagem nova, mais inteligível aos homens de hoje, mais de acordo com as exigências atuais. Dar roupagem nova a uma doutrina antiga. Ir ao encontro do homem atual. O Concílio, portanto, procurou atender a esses objetivos. As ideias-força foram: renovação, adaptação e inculturação, descentralização, serviço e participação[1].

Poder-se-ia perguntar por que o Concílio iniciou suas atividades pela liturgia. O fato é que os outros projetos apresentados como sugestões para os debates não agradaram à maioria dos padres conciliares. O projeto sobre a liturgia, no entanto, estava muito bom. Fora preparado cuidadosamente pela Comissão Pré-Conciliar, coordenada pelo Pe. Annibale Bugnini (1912-1982) e inspirada nos princípios teológicos do movimento litúrgico. Por esse motivo, os padres conciliares começaram analisando o projeto sobre a liturgia.

O texto foi inicialmente votado na 2ª Sessão, em 1963. Na 73ª Congregação Geral (2/11/1963), o esquema foi aprovado por 2.158 votos favoráveis contra 19 contrários. Na sessão solene de 4 de dezembro de 1963, presidida pelo Papa Paulo VI, foram computados apenas quatro votos negativos contra 2.147 de aprovação. Dessa forma, foi solenemente promulgado.

A Constituição *Sacrosanctum Concilium* sobre a liturgia é composta de sete capítulos: 1. Os princípios gerais da reforma e do incremento da liturgia. 2. O sacrossanto mistério da Eucaristia. 3. Os demais sacramentos e os sacramentais. 4. O ofício divino. 5. O ano litúrgico. 6. A música sacra. 7. A arte sacra e as sagradas alfaias.

Percorrendo esse documento conciliar, percebemos que a preocupação fundamental do Concílio foi a de proporcionar aos fiéis uma participação ativa, consciente e frutuosa na sagrada liturgia, exercendo, dessa forma, o sacerdócio batismal que os constituiu "uma raça escolhida, um sacerdócio régio, uma nação santa, um povo adquirido para Deus" (1Pd 2,9). A participação dos fiéis é, antes de tudo, um dom, uma graça; depois, um direito e um dever.

---

1 Cf. VALENTINI, D. *Revisitar o Concílio Vaticano II*. São Paulo: Paulinas, 2011, p. 31-34.

Capítulo II

Princípios gerais da reforma litúrgica

Introdução

"No dia 12 de novembro de 1960, reuniu-se, pela primeira vez, a comissão preparatória de liturgia com o encargo de elaborar o esquema pré-conciliar de liturgia. Para isso, reuniu-se, em seguida, uma subcomissão com o título: *De mysterio sacrae liturgiae relatione ad vitam Ecclesiam*. Nela participaram o padre Giulio Bevilacqua, monsenhor Jenny, Jugmann, Cannizzano, Oatibia e Martimort. A reunião aconteceu em Brescia, nos dias 10 e 11 de fevereiro de 1961. Esse esquema será, depois, traduzido concretamente nos números de 5 a 12 da *Sacrosanctum Concilium*"[1].

A Comissão Pré-Conciliar percorreu um longo caminho, acolhendo no esquema as principais sugestões apresentadas à comissão preparatória pelos bispos, teólogos e universidades católicas[2]. Era urgente uma reestruturação litúrgica que fosse além de um simples rubricismo: com simplificação dos ritos com um sentido pastoral; aceitação das línguas vulgares; adaptação litúrgica às diferentes culturas; participação ativa dos fiéis e fundamentação da piedade na liturgia.

Foram igualmente acolhidas as sugestões vindas da secretaria-geral do Concílio: reforma do calendário; reforma de textos e rubricas da missa; simplificação dos ritos na missa pontifical e nos diversos rituais e simplificação dos ornamentos.

---

1 Cf. FLORES, J.J. *Introdução à teologia litúrgica*. São Paulo: Paulinas, 2006. p. 290.
2 Ibidem, p. 290-294.

Por último, foram ainda acolhidos os pedidos apresentados pela Sagrada Congregação dos Ritos: concelebração sacramental; oração do ofício divino; admissão das línguas vulgares; adaptação dos ritos às tradições e à índole dos povos; formação litúrgica; participação dos fiéis; insígnias dos prelados e dos bispos e questões relativas ao calendário litúrgico.

A Comissão Pré-Conciliar de Liturgia, presidida pelo cardeal Caetano Cicognani, prefeito da Congregação dos Ritos, e secretariada pelo padre Annibale Bugnini, realizou encontros de junho de 1960 a 13 de janeiro de 1962, sintetizando as propostas em doze temas: 1. O mistério da sagrada liturgia e sua realização na vida da Igreja. 2. A missa. 3. A concelebração sacramental. 4. O ofício divino. 5. Os sacramentos. 6. O calendário. 7. A língua latina. 8. A formação litúrgica. 9. A participação dos fiéis. 10. A adaptação da liturgia às tradições e à índole dos povos. 11. Objetos, hábitos e ornamentos sagrados. 12. Música sacra e arte sacra.

O esquema recebeu inúmeras emendas, sendo refeito três vezes pela Comissão Pré-Conciliar, assinado no dia 1º de fevereiro pelo cardeal-presidente e enviado à secretaria-geral do Concílio. O texto foi encaminhado aos padres conciliares no dia 13 de julho. A apresentação no Concílio ocorreu em 22 de outubro de 1962 e foi proposta pelo padre Ferdinando Antonelli, que ocupara o lugar do padre Annibale Bugnini. Cinco pontos foram sublinhados: 1. Máxima fidelidade à tradição da Igreja. 2. Limitação do texto aos princípios gerais da reforma. 3. Normas práticas e rubricas de acordo com os princípios doutrinais. 4. Necessidade da formação litúrgica do clero. 5. Promoção da participação dos fiéis.

Para analisar melhor a Constituição Litúrgica, é preciso levar em consideração os seguintes fatores: 1. A *Sacrosanctum Concilium* não contém teologia especulativa sobre a natureza da liturgia. 2. O texto conciliar constitui reflexão sobre o conteúdo da ação celebrativa com base na tradição patrístico-litúrgica, reelaborada pelo movimento litúrgico, de onde extrai a natureza mistérica. 3. A teologia da Constituição aborda a doutrina do mistério litúrgico e de sua celebração.

Os temas fundamentais da renovação litúrgica

O capítulo primeiro da Constituição *Sacrosanctum Concilium* enumera os princípios gerais da reforma, e pode ser dividido em cinco seções, que abordam três temas fundamentais: renovação litúrgica (1ª seção); reforma antropológica (2ª, 4ª e 5ª seções); reforma institucional (3ª seção).

A Encíclica *Mediator Dei*, do Papa Pio XII (1947), aborda a liturgia como objeto da religião e do sacerdócio de Cristo; a Constituição Conciliar, por sua vez, privilegia as dimensões da história da salvação e do mistério pascal, inserindo a liturgia no mistério da Igreja, na qual realiza-se nossa redenção, os fiéis são convidados a oferecer suas vidas como sacrifício de louvor, o humano é subordinado ao divino, o visível ao invisível, na perspectiva da realização plena em Cristo[3]. Torna-se evidente, desse modo, o nexo entre o mistério de Cristo, o mistério da Igreja e o mistério da liturgia.

A Constituição sintetiza os momentos da história da salvação: o anúncio profético, a plenitude em Cristo e o tempo da Igreja. Em Cristo, a palavra eterna do Pai faz-se carne, a salvação entra no tempo e realiza a redenção da humanidade. "Sua humanidade, na unidade da pessoa do Verbo, foi o instrumento de nossa salvação. Pelo que, em Cristo, deu-se o perfeito cumprimento da nossa reconciliação com Deus e nos foi comunicada a plenitude do culto divino"[4]. Por sua morte e ressurreição, Cristo passa de servo a Senhor. Realizam-se, dessa forma, nossa reconciliação e a plenitude do culto a Deus.

O tempo da Igreja, guiada pelo Espírito, torna-se sacramento do Reino instituído por Cristo até a consumação dos tempos, "seu sinal e instrumento da íntima união com Deus e da unidade

---

3 Cf. SC 2.
4 Cf. SC 5.

de todo o gênero humano"⁵. A obra da salvação continuada pela Igreja realiza-se na liturgia⁶. O texto conciliar sublinha quatro momentos fundamentais: 1. A missão eterna do amor do Pai prolonga-se e continua em Cristo. 2. A missão de Cristo é continuada pela Igreja. 3. Os sucessores dos apóstolos prolongam essa missão no tempo e no espaço. 4. Essa obra salvífica realiza-se por meio do sacrifício eucarístico, dos sacramentos.

As presenças de Cristo na liturgia

O número sete da *Sacrosanctum Concilium* lembra as presenças de Cristo na Igreja e propõe uma definição de liturgia. "Está presente no sacrifício da missa, tanto na pessoa do ministro, pois aquele que agora se oferece pelo ministério sacerdotal é o mesmo que, outrora, se ofereceu na cruz, como sobretudo nas espécies eucarísticas. Ele está presente por sua virtude nos sacramentos, de tal modo que, quando alguém é batizado, é o próprio Cristo quem batiza. Está presente em sua palavra, pois é ele quem fala quando na Igreja se leem as Sagradas Escrituras. Está presente, por fim, quando a Igreja ora e salmodia, Ele que prometeu: "Onde se acharem dois ou três reunidos em meu nome, aí estou eu no meio deles"⁷.

A Constituição não aprofunda algumas possíveis interrogações: Qual é a relação entre a presença de Cristo na Eucaristia e as demais presenças? A presença de Cristo na liturgia deve ser considerada na ordem moral ou real? Trata-se de uma presença virtual ou substancial? O Papa Paulo VI, na Encíclica *Mysterium Fidei* (3-9-1965), referindo-se à presença real de Cristo na sagrada Eucaristia e sua relação com as demais presenças, afirma: "Esta presença chama-se real, não por exclusão como se as outras não fossem reais, mas por antonomásia, porque é substancial,

---

5   Cf. LG 1.
6   Cf. SC 6.
7   Cf. SC 7.

quer dizer, por ela está presente, de fato, Cristo completo, Deus e homem"[8]. Todas as presenças de Cristo são reais, mas somente na Eucaristia ele está substancialmente presente nas espécies de pão e vinho, segundo a definição do Concílio de Trento, ao usar o termo transubstanciação. No entanto, o termo substancial não poderia, além desse sentido estrito, ter outro mais abrangente, e este ser aplicado também às demais presenças?

Flores afirma: "Significa, pois, que entre a presença real eucarística e as outras presenças reais não há diferença no que se refere ao modo como essas diversas presenças se tornam reais. Com efeito, na Eucaristia a presença real de Cristo é um ato permanente, porque adere a uma substância (corpo de Cristo) que permanece. Nas outras celebrações litúrgicas, a presença real de Cristo é passageira, porque está ligada à celebração, que é uma ação que passa, e não à substância, que permanece"[9].

A definição de liturgia

"Com razão, portanto, a liturgia é considerada um exercício da função sacerdotal de Cristo. Ela simboliza por meio de sinais sensíveis e realiza à sua maneira a santificação a cada um dos homens; nela o corpo místico de Jesus Cristo, cabeça e membros, presta a Deus o culto público integral. Por isso, toda celebração litúrgica, como obra de Cristo sacerdote e de seu corpo, que é a Igreja, é uma ação sagrada por excelência, cuja eficácia, sob o mesmo título e grau, não se equipara a nenhuma outra ação"[10].

Trata-se de um conceito de sacramento fundamentalmente patrístico. A liturgia engloba um conjunto de sinais (dimensão visível) que significa e comunica uma realidade sagrada (dimensão invisível), cujo objetivo é prestar a Deus, por meio de Cristo,

---
8 Cf. MF 41.
9 Cf. FLORES, J.J. *Introdução à Teologia litúrgica*. São Paulo. Paulinas, 2006, p. 308.
10 Cf. SC 7.

o culto que lhe é devido (movimento ascendente) e a salvação da humanidade (movimento descendente), ação esta realizada por Cristo em seu corpo místico (cabeça e membros).

O *Catecismo da Igreja Católica* (CIC) insere a reflexão sobre liturgia na celebração do mistério de Cristo, revelado e realizado na história (Ef 1,9; 3,9), que se torna fonte de vida para a Igreja, que o celebra, e para toda a humanidade[11]. O conceito de celebração litúrgica inclui a valorização do fato celebrado (Páscoa), a expressão significativa do fato (rito simbólico) e a intercomunhão solidária (mistério). A liturgia é uma ação sagrada por excelência, que se realiza por meio de sinais sensíveis e significativos e realiza o múnus sacerdotal de Cristo na Igreja e por ela, visando à glorificação de Deus e à santificação dos homens, até que Cristo venha[12].

O mistério constitui uma ação concreta que torna presente uma ação já passada. Para a Igreja antiga, significa, sobretudo, uma realidade divina, uma ação salvífica de Deus, que se manifesta no tempo e no espaço. No mistério podem-se distinguir três etapas fundamentais: a) O mistério é, antes de tudo, Deus em sua realidade una e trina, da qual o ser humano não pode se aproximar sem morrer. Deus, fonte de todo o amor, nos ama, mesmo antes de sermos gerados por nossos pais (Jr 1,5); por isso nos criou e nos redimiu em Cristo, chamando-nos à plenitude de sua vida. b) O mistério é uma revelação de Deus em Jesus Cristo (Ef 3,5-6). A encarnação do Filho de Deus e sua obra redentora constituem o mistério propriamente dito. Elas são a epifania de Deus entre nós. c) Desde que Cristo, pela sua ascensão, já não está mais visivelmente entre nós, sua visibilidade passa para seus mistérios. "Aquilo que no Senhor era visível passou para os sacramentos"[13].

Essa ação é obra do Espírito Santo: "Nesta comunicação

---

11 Cf. *Catecismo da Igreja Católica*, 1066-1070.
12 Cf. BECKHÄUSER, A. *Os fundamentos da sagrada liturgia*. Petrópolis: Vozes, 2004, p. 86-88.
13 Cf. Leão Magno, *Sermão* 74,2.

sacramental do mistério de Cristo, o Espírito age da mesma forma que nos outros tempos da economia da salvação: prepara a Igreja para encontrar seu Senhor, recorda e manifesta Cristo à fé da assembleia, torna presente e atualiza o mistério de Cristo por seu poder transformador e, finalmente, como Espírito de comunhão, une a Igreja à vida e à missão de Cristo"[14].

Liturgia terrestre e liturgia celeste

"Na liturgia da terra nós participamos, saboreando-a já, da liturgia celeste, que se celebra na cidade santa de Jerusalém, para a qual nos encaminhamos como peregrinos, onde o Cristo está sentado à direita de Deus, qual ministro do santuário e do verdadeiro tabernáculo; com toda a milícia do exército celeste entoamos um hino de glória ao Senhor e, venerando a memória dos santos, esperamos fazer parte da sociedade deles; esperamos pelo Salvador, nosso Senhor Jesus Cristo, até que ele, nossa vida, se manifeste, e nós apareçamos com ele na glória"[15].

A assembleia litúrgica é o lugar natural em que os cristãos, purificados pelo sangue de Jesus (Hb 10,19), por meio da água do batismo, aproximam-se de Deus para celebrar, por meio do véu da ritualidade, o *mysterium salutis*, do qual, um dia, participarão face a face na Jerusalém celeste. "Se a liturgia terrestre é a verdadeira santificação e o verdadeiro culto, isso ocorre porque nela atuam, de modo diverso, a mesma santificação e o mesmo culto de Cristo, agora glorioso no céu, porque nos ritos da terra se repete, ou melhor, se manifesta, como que se duplicando, o que Cristo mesmo faz no céu. A liturgia terrestre dos cristãos é, pois, uma epifania, sob o véu dos ritos e dos símbolos, da liturgia celeste de Cristo, com sua manifestação na terra sob o invólucro terrestre"[16].

---

14 Cf. *Catecismo da Igreja Católica*, 1092.
15 Cf. SC 8.
16 Cf. VAGAGGINI, C. *O sentido teológico da liturgia*. São Paulo: Loyola, 2009, p. 237.

A liturgia como o cume e a fonte da vida da Igreja

"A sagrada liturgia não esgota toda a ação da Igreja; com efeito, antes que os homens possam achegar-se à liturgia, é necessário que sejam chamados à fé e à conversão"[17]. A evangelização conduz à ação litúrgica e a precede. Não se trata de subordinar a liturgia à evangelização, mas de relacioná-las. A própria liturgia tem poder evangelizador e conduz à maturidade da fé. Nem se pretende diminuir a importância da ação pastoral e do compromisso de vida. "Contudo, a liturgia é o cimo para o qual se dirige a ação da Igreja e, ao mesmo tempo, a fonte donde emana toda a sua força"[18].

É do mistério pascal de Cristo, celebrado na liturgia, que brota a vida da Igreja e de cada cristão. Tudo dele deriva e para ele retorna. A liturgia, particularmente a Eucaristia, "contém todo o bem espiritual da Igreja, ou seja, o próprio Cristo, nossa Páscoa"[19]. Nessa relação entre celebração litúrgica, evangelização e compromisso de vida, o cristão se reconhece como discípulo e missionário de Jesus Cristo. Eis a dimensão empenhativa da liturgia. Dessa forma, a liturgia exige que os fiéis cooperem com a graça divina, dispondo-se a celebrar com reta intenção, e participem ativa, consciente, frutuosa e plenamente da ação litúrgica[20].

A liturgia é fonte da vida espiritual, uma vez que toda a vida cristã começa com o batismo e com a confirmação, é restaurada pela penitência e alimenta-se da Eucaristia. A Eucaristia é fonte de toda a graça. Todas as graças são, portanto, uma explicitação posterior da graça fundamental do Batismo e da Eucaristia.

---

[17] Cf. SC 9.
[18] Cf. SC 10.
[19] Cf. *Catecismo da Igreja Católica*, 1324.
[20] Cf. SC 11.

A liturgia é cume de toda a vida espiritual, que tem por finalidade responder existencialmente ao dom de Deus. Essa resposta se realiza na fé, na esperança, no amor, no louvor e na ação de graças, os quais encontram sua máxima expressão exatamente na celebração da Eucaristia. Toda a atividade da Igreja é orientada para a glorificação de Deus, por meio da ação no mundo e da celebração[21].

Espiritualidade litúrgica

"O cristão, chamado para a oração comunitária, deve também entrar em seu quarto para rezar a sós ao Pai; além disso, segundo ensina o Apóstolo (São Paulo), deve rezar sem cessar."[22]

A oração é primeiramente uma realidade universal, seja pública ou privada, seja individual ou comunitária. Como uma ação humana, a oração não aumenta seu valor; muito menos muda de natureza por causa de algum desses aspectos considerados separadamente e postos em oposição. O evento cristão não tolhe nenhuma dessas dimensões, mas acrescenta um elemento diferenciador, absolutamente novo, pelo fato de a oração passar de uma realidade humana a uma realidade cristã, quando e porque é feita em nome de Cristo. Rezar em nome de Cristo não significa usar uma fórmula específica, mas colocar a oração sob o influxo de Cristo, isto é, rezar sob o plano da revelação. A oração feita em nome de Cristo torna-se uma esperança pessoal da ação do Espírito Santo, que nos transforma em filhos de Deus.

A oração cristã torna-se litúrgica quando, unida ao nome de Cristo, apresenta também o sinal de assembleia que ora, isto é, da Igreja que se reúne em nome de Jesus (Mt 18,20). Sob esse aspecto, de fato, a comunidade assembleia, nascida do consenso comum sobre Cristo e em Cristo, torna-se o sinal visível da

---

21 Cf. CELAM. *Manual de liturgia*. V. 1. São Paulo: Paulus, 2004, p. 115.
22 Cf. SC 12.

presença de Cristo, que, conosco e por nós, intercede junto do Pai. A Igreja não é só sacramento, ou seja, sinal efetivo da unidade entre Deus e os homens em Cristo, mas torna-se sacramento da oração de Cristo.

A espiritualidade litúrgica abrange, pois, algumas características fundamentais[23]:

Primeiramente, está fundamentada na Bíblia, não somente porque se serve dela, mas porque não pode prescindir dela, uma vez que é a Palavra de Deus que prepara e explica a ação litúrgica no sentido e no momento salvífico.

É também cristológica, porque a liturgia abrange todas as dimensões da história da salvação, reunidas e centradas em Cristo.

A espiritualidade litúrgica é, ainda, eclesial e sacramental, dado que na celebração litúrgica a Igreja encontra sua forma concreta de localização, de testemunho e de missão.

Manifesta, também, uma dimensão pascal, uma vez que se funda no mistério pascal de Cristo, enquanto ele é a síntese de toda a revelação e salvação.

Enfim, a espiritualidade litúrgica tem um caráter mistagógico, considerando que a liturgia não propõe, apenas, uma ideia, mas oferece aos participantes a oportunidade de entrar em contato com o mistério salvífico de Cristo, que transforma a vida cristã.

Liturgia e atos de piedade

A Constituição recomenda os atos de piedade, que gozam de especial dignidade, mas que devem estar em harmonia com a liturgia[24]. Não há uma definição que estabeleça a distinção entre ações litúrgicas e exercícios piedosos. O princípio mais importante

---

[23] Cf. AUGÉ, M. *Liturgia*: história, celebração, teologia, espiritualidade. São Paulo: Ave-Maria, 1998, p. 338-352.
[24] Cf. SC 13.

consiste em subordinar os pios exercícios à liturgia. A liturgia é um momento fontal e culminante da vida espiritual da Igreja.

"Embora a maioria dos exercícios de piedade tenham nascido à margem da liturgia e, frequentemente, como substitutivos de uma piedade que não podia se alimentar da própria liturgia, nunca se poderá colocar em dúvida o bem que exerceram na vida espiritual do povo de Deus."[25]

---

25 Cf. CASTELLANO, J. *Liturgia e vida espiritual*. São Paulo: Paulinas, 2008, p. 55.

A liturgia, momento histórico da salvação

O conceito de história

A história humana é o lugar e o meio da salvação, uma vez que nela Deus se revela e age. A história humana está repleta das maravilhas do Senhor. "Louvem todos o nome do Senhor, porque só o seu nome é excelso. Sua majestade transcende a terra e o céu" (Sl 148,13). O ser humano acolhe a salvação não fora da história, mas na história. A salvação, portanto, não significa evasão da história, mas um modo peculiar de assumi-la. Nela dá-se a revelação de Deus.

Trata-se de uma história simultaneamente linear, porque parte de um único ponto: Deus Criador; uma história unitária em que uma fase conduz necessariamente a outra; uma história marcada por forte dimensão escatológica: todas as fases tendem para uma consumação, um fim único, em um contínuo processo ontológico absolutamente necessário, e que tem como protagonistas Deus, os anjos, e os homens. As etapas que constituem essa história sagrada coincidem com a história bíblica: o tempo das promessas, o tempo do cumprimento e da plenitude e o tempo da instauração definitiva do Reino de Deus.

A história da salvação

Em oposição ao evento mítico, encontra-se o acontecimento histórico. Jesus Cristo está no começo, no centro e no fim da história; nele se realiza e se modifica definitivamente a condição humana. Ele é "o desígnio salvador de Deus, o mistério oculto desde a eternidade em Deus, que tudo criou" (Ef 3,9); o mistério guardado em segredo durante séculos (Rm 16,25); a sabedoria misteriosa e secreta que Deus predestinou antes de existir o tempo (1Cor 2,7), manifestado aos seus santos e aos gentios; Cristo, a esperança da glória (Cl 1,26-27). Ele realiza plenamente a vontade de Deus (Ef 1,9).

A revelação do mistério escondido em Deus ocorre por meio de uma sucessão de eventos salvíficos que, de modos e em tempos diferentes, indicam que sua realização já existe na eternidade de Deus, preparada no seio das nações pelo Espírito do Senhor, particularmente em Israel. Essa revelação encontra em Cristo plena realização (SC 6). "Sua humanidade, na unidade da pessoa do Verbo, foi o instrumento de nossa salvação. Pelo que, em Cristo, ocorreu a perfeita satisfação de nossa reconciliação e nos foi comunicada a plenitude do culto divino" (SC 5). Dessa forma, Deus foi plenamente glorificado e a humanidade foi inteiramente restaurada. Morrendo, Jesus destruiu nossa morte e, ressuscitando, recuperou nossa vida.

Por força dessa centralidade, Cristo é Deus que revela e o Deus revelado; revela o mistério e é o próprio mistério; é o caminho da revelação e a própria revelação; é causa e autor da revelação; o Deus que fala e o Deus do qual se fala; Cristo é a plenitude da revelação e a resposta perfeita que a humanidade dá à revelação. Nele culmina a revelação como ação, como economia, como mensagem e como encontro[1].

Encontramos a realidade do mistério na cultura greco-romana. O *mysterion* determinava o culto prestado aos deuses, cujo reconhecimento era reservado aos que o praticavam. Eram regidos pela lei do arcano, do segredo. Na religião cristã o mistério designa a pessoa, a ação e a mensagem de Jesus Cristo. Deus,

---

1 Cf. LATOURELLE, R. *Teologia da revelação*. São Paulo: Paulinas, 1972, p. 483-485.

desde toda a eternidade, o constituiu cabeça de toda criatura. A história sagrada divide-se em antes e depois de Cristo. Antes dele houve uma etapa de preparação; depois dele, uma continuidade de sua pessoa e missão, por meio da aliança Cristo-Igreja (Ef 5,32). Paulo faz referência ainda ao mistério do Evangelho (Ef 6,19), ao mistério da fé (1Tm 3,9), e ao mistério da piedade (1Tm 2,16). No tempo transcorrido entre a ascensão e a segunda vinda de Cristo, ele comunica seu mistério salvífico aos homens mediante sua Igreja.

Liturgia, celebração da história da salvação

Tanto na religião natural como na revelada existem sinais que têm relação com momentos ou intervenções divinas na história humana. Além da intervenção divina, constituem elementos de diálogo entre Deus e os seres humanos. Esses sinais manifestam não só o poder, mas também o amor salvífico de Deus. Esse diálogo acontece, todavia, em uma linha histórica no sentido de que os sinais não são produto de invenção, mas são ambientados no tempo e no espaço e têm determinadas características (de temporalidade e espacialidade). Portanto, os sinais servem para dar historicidade à intervenção divina[2].

Compreender que toda a história sagrada é o mistério de Cristo, sendo que tudo leva a ele nessa história anterior, mais precisamente à sua morte e ressurreição, e que tudo origina-se depois dele; compreender que depois de sua morte e ressurreição não se deve esperar nada de radicalmente novo, mas apenas a reprodução nas criaturas, até o fim dos tempos, do mistério do Filho de Deus encarnado, morto e ressuscitado, contanto que estes participem e se saciem em sua plenitude; compreender tudo isso é essencial para adentrar o mundo da liturgia[3].

---

2   Cf. MARSILI, S. *Sinais do mistério de Cristo*. São Paulo: Paulinas, 2010, p. 73-74.
3   Cf. VAGAGGINI, C. *O sentido teológico da liturgia*. São Paulo: Loyola, 2009, p. 36.

Por conseguinte, a afirmação solene do Concílio: "Realmente, em tão grandiosa obra, pela qual Deus é perfeitamente glorificado e os homens santificados, Cristo sempre associa a Igreja a si, sua Esposa diletíssima, que invoca seu Senhor e por ele presta culto ao eterno Pai. Isso porque a liturgia é tida como o exercício do múnus sacerdotal de Jesus Cristo, no qual, mediante sinais sensíveis, é significada e, de modo peculiar a cada sinal, realizada a santificação do homem; e é exercido o culto público integral pelo corpo místico de Cristo: cabeça e membros" (SC 7).

A presença de Cristo na liturgia abre a reflexão teológica do número sete do documento conciliar: "Cristo está sempre presente na sua Igreja, sobretudo nas ações litúrgicas". Em seguida, descreve: na pessoa do ministro; na celebração eucarística; nos demais sacramentos; na palavra; no irmão, na Igreja reunida (SC 7). Todas estas presenças são reais, ainda que se aplique à Eucaristia o termo real por excelência[4]. Entre a presença real de Jesus na Eucaristia e as outras presenças reais não existe diferença quanto à presença de Cristo e à realidade dessa presença; existe diferença no que se refere ao modo como essas diversas presenças são reais.

A liturgia é, pois, totalmente orientada para a história da salvação, que é o mistério de Cristo em seus tempos, ritos e sinais. Cristo é o sinal-realidade; o Antigo Testamento, sinal profético; o tempo da Igreja, sinal da continuação efetiva do tempo de Cristo. "É um evento real, ocorrido na história, e é único: todos os outros eventos da história acontecem uma vez e depois passam, engolidos pelo passado. O mistério pascal de Cristo, ao contrário, não pode ficar somente no passado, já que, por sua morte, destruiu a morte, e tudo o que Cristo é, fez e sofreu por nós homens participa da eternidade divina e, por isso, abraça todos os tempos e nele se mantém presente. O evento da cruz e da ressurreição permanece e atrai tudo para a vida" (CIC 1085).

---

4   Cf. PAULO VI. *Mysterium Fidei*, 41.

Capítulo IV

Liturgia, celebração do mistério pascal

A redenção dos homens tem início no momento da encarnação do Verbo e se completa no momento da morte-ressurreição-ascensão. Esse único e grande evento salvífico encontra-se no centro da história da salvação e, portanto, no coração da liturgia cristã. A Páscoa de Israel é prefiguração, anúncio, preparação e antecipação da Páscoa definitiva de Cristo e dos cristãos, celebrada na liturgia da Igreja, até que ele venha e faça novas todas as coisas (Ap 21,5). Em Cristo, a humanidade participou verdadeiramente dessa libertação e salvação que Deus, desde toda a eternidade, imaginava e desejava para todos os homens. Não se trata de mais uma Páscoa de promessa, mas de sua plena realização[1].

Em Israel, o evento pascal transfere-se para o rito no contexto da ceia pascal e dos sacrifícios no Templo. A *Sacrosanctum Concilium*, ao tratar da realização do mistério pascal de Cristo, por meio de sinais sensíveis rituais, refere-se à liturgia: Cristo enviou os apóstolos para anunciar a salvação por meio do anúncio da palavra, da fração do pão, da comunhão fraterna e da fidelidade aos ensinamentos dos apóstolos. A vivência sacramental constitui elemento central da liturgia. Os sacramentos de Cristo, celebrados pela Igreja, não são, portanto, ritos vazios. Pelo contrário: são sinais eficazes (palavras, gestos) da realidade pascal da verdadeira salvação operada por Cristo. A realização dessa salvação torna-se eficaz para os homens no momento em que Cristo será glorificado,

---

1 Cf. MARSILI, S. *Liturgia, momento histórico da salvação*. São Paulo: Paulinas, 1987, p. 118.

isto é, no momento em que, por ser aquele último e conclusivo rito da complexa salvação pascal, por antonomásia e por excelência, denomina-se Páscoa[2].

O rito, porém, por si só, não abrange a totalidade do mistério de Cristo. O rito, um dos elementos centrais da liturgia, não é tudo. O mistério e a vida se encontram mediante uma ação litúrgica e por trás dela se encontra o ser; no significante ou nas formas externas se manifestam o conteúdo e o sentido interno[3]. É obra de Deus e do homem, o âmbito mais significativo do encontro e do diálogo entre Deus e o homem, na comunidade e por meio da comunidade. A ação ritual não constitui somente o exercício de um direito ou dever; é uma experiência de comunhão, não só uma experiência pública ou privada; um tempo festivo que nos foi doado, não apenas um tempo livre ou dedicado ao trabalho; são fonte e cume e não só uma função e um meio[4].

Por trás dessa eficácia dos sinais litúrgicos de instituição divina está especialmente a doutrina do *opus operatum*. As ações litúrgicas são ações de Cristo em sua Igreja. Segundo Odo Casel, na ação cúltica sacramental torna-se objetivamente presente não somente o efeito das ações histórico-salvíficas de Cristo, especialmente da paixão, ou seja, tornam-se objetivamente presente não só a graça, mas também a mesma ação redentora, naquilo que tem de essencial, na sua substância[5]. Em relação aos sinais litúrgicos de instituição humana, temos, sobretudo, o *ex opere operantis ecclesiae,* que está relacionado à dignidade moral, ao mérito e à santidade de vida de quem recebe esses ritos e de quem os preside.

---

2 Cf. Ibidem, p. 121.
3 Cf. BOROBIO, D. *Celebrar para viver*. São Paulo: Loyola, 2009, p. 17.
4 Cf. GRILLO, A. *Liturgia, momento histórico da salvação na SC e nos demais documentos do Concílio*. Exposição no Seminário Nacional de Liturgia, Itaici, SP, 2012.
5 Cf. VAGAGGINI, C., op. cit, p. 112.

A liturgia como ação ritual

A liturgia não se resume, pois, a um conjunto de ritos. É igualmente falso afirmar que a liturgia cristã, para ser autenticamente tal, deve excluir qualquer forma de rito. O ritualismo, que dá valor exagerado ao rito ou que o torna vazio, este sim, deve ser excluído. O rito, em si, traduz aquela exigência natural do homem de servir-se de sinais, palavras e gestos para exprimir os próprios sentimentos e atitudes interiores, sob o plano da relação, tanto humana, quanto divina. Os sinais litúrgicos expressam, portanto, o relacionamento que o ser humano procura estabelecer com Deus.

A relação existente entre a Sagrada Escritura e a liturgia nos leva a entender que o rito assume outra conotação, própria da religião revelada e, em particular, do cristianismo, e que consiste no ser sinal daquela realidade especial e divina que é Cristo. Cristo, de fato, é o sinal dado por Deus (Jo 6,28). Em dependência desse sinal sacramental que é Cristo, é preciso entender, igualmente, os sinais rituais do Novo Testamento. São sinais objetivamente reais, uma vez que atuam na mesma realidade do acontecimento que refletem.

Por esse motivo, a liturgia se distingue de qualquer outra forma de culto existente nas outras religiões naturais. Há uma presença da ação divina sob a forma ritual. A liturgia não é um culto qualquer, mas único, porque nela o culto realiza sua verdadeira natureza. A liturgia cristã constitui um regime de sinais que, inserindo no mistério de Cristo cada um dos seres humanos, faz deles adoradores em espírito e verdade. A liturgia não é, portanto, uma ação pela qual os homens se unem a Deus, mas é, acima de tudo, uma ação pela qual Deus, em Cristo, vem ao encontro dos homens.

Capítulo V

Liturgia, exercício do sacerdócio de Cristo

O verdadeiro culto no corpo de Cristo

Ao expulsar os vendilhões do Templo, Jesus se apresenta como o verdadeiro Templo de Deus: em seu corpo, morto e ressuscitado, se oferecerá o único e autêntico culto agradável ao Pai. A comunidade cristã primitiva, refletindo sobre o sinal do Templo anunciado por Cristo (Jo 2,21), para a qual o corpo de Jesus é o templo de Deus, adquirirá logo plena consciência de que Deus não pode habitar um templo feito por mãos humanas (At 7,48).

Os cristãos, por sua união com Cristo, vivificado pelo Espírito (1Cor 15,45), tornam-se, também, espírito em seu corpo (1Cor 16-17); transformam-se, assim, em templo espiritual como o corpo humano de Cristo. Edificados sobre Cristo, pedra angular rejeitada pelos construtores (Lc 20,17), os cristãos oferecem seus corpos como vítima viva, santa e agradável a Deus, como seu culto espiritual (1Pd 2,5).

"Cristo Senhor, Pontífice tomado dentre os homens (Hb 5,1-5), fez do novo povo um reino de sacerdotes para o Pai (Ap 1,6), pois os batizados pela regeneração e unção do Espírito Santo são consagrados como casa espiritual e sacerdócio santo, para que, por todas as obras do homem cristão, ofereçam sacrifícios espirituais e anunciem os poderes daquele que das trevas os chamou à sua admirável luz" (LG 10). Os fiéis são, pois, delegados ao culto da religião cristã. Participando do sacrifício eucarístico, fonte e ápice de toda a vida cristã, oferecem a Deus a vítima divina e, com ela, a si mesmos (LG 11). Por isso, o Concílio insiste em que os fiéis participem das ações litúrgicas de forma consciente, piedosa e ativa, e aprendam a oferecer a si próprios oferecendo a hóstia imaculada (SC 48).

Liturgia é o culto da Igreja. A *Encíclica Mediator Dei*, de Pio XII, já definia a liturgia como ação sacerdotal de Cristo continuada pela Igreja, culto do corpo místico (MD 17). A *Sacrosanctum Concilium* afirma que "as ações litúrgicas não são ações privadas, mas celebrações da Igreja, que é o sacramento da unidade, isto é, o povo santo, unido e ordenado sob a orientação dos bispos" (SC 26). Essas ações pertencem a todo o corpo da Igreja, manifestando-o e afetando-o. Cabe à hierarquia coordenar, animar, promover e orientar a ação litúrgica como agente particular dessa mesma ação. A liturgia, pela qual "se exerce a obra da nossa redenção, constitui o modo mais excelente para que os fiéis exprimam em suas vidas e aos outros manifestem o mistério de Cristo e a genuína natureza da verdadeira Igreja" (SC 2). Os fiéis, no entanto, ainda não são considerados sujeitos da liturgia. Não está ainda suficientemente clara a noção de sacerdócio dos fiéis e o próprio conceito é ainda prevalentemente exterior. Ou seja: a liturgia manifesta sua realidade, seu valor, pelo fato de ser ação do sacerdócio hierárquico externo e visível, e não pelo fato de ser ação dos fiéis, membros de Cristo Sacerdote. Por conseguinte, a liturgia é ainda dominada excessivamente pelo aspecto ritual exterior e é vista quase exclusivamente como ação da hierarquia.

Do corpo de Cristo ao corpo de Cristo-Igreja

Cristo institui a sua Igreja (Mt 16,18). Edificada com pedras vivas, é estabelecida como um sacerdócio santo para oferecer vítimas espirituais agradáveis a Deus por Jesus Cristo, e sobre ele se constrói (1Pd 2,5). A Igreja é uma comunidade não só no âmbito sociológico, mas, sobretudo, cultual. Em Cristo, o povo de Deus do Novo Testamento é constituído uma raça escolhida, um sacerdócio régio, uma nação santa, um povo adquirido para Deus (1Pd 2, 9).

"A Igreja, pois, ainda que no seu conteúdo real se identifique com o povo de Deus, vem a indicar, de maneira direta, o momento cultual dele, ou seja, a Igreja existe no tempo e no lugar em que o povo de Deus responde à chamada, que o reúne de fato e em concreto em torno de Deus (culto). Enfim, a Igreja é a projeção teológico-cultual do povo de Deus, considerado um reino de sacerdotes (Ex 19,6), sacerdotes de Deus (Is 61,6), isto é, um povo destinado ao culto de Deus até ser essencialmente por isso qualificado."[1]

A Encíclica *Mediator Dei* define a liturgia como adoração pública que nosso Redentor, como cabeça da Igreja, oferece ao Pai; como a adoração que a comunidade dos fiéis rende ao seu Fundador e, por intermédio dele, ao Pai Celeste. Portanto, uma adoração prestada pelo corpo místico de Cristo, ou seja, da cabeça e de seus membros (n. 17). A *Constituição Conciliar* insere elementos mais precisos; inclui o conceito fundamental da presença de Cristo no sacrifício da missa, nos sacramentos, na palavra e no ofício divino: "Presente está pela sua força nos sacramentos, de tal forma que, quando alguém batiza, é Cristo mesmo que batiza. Presente está pela sua palavra, pois é ele mesmo que fala, quando se leem as Sagradas Escrituras na igreja. Está presente finalmente, quando a Igreja ora e salmodia". A finalidade última da liturgia é a perfeita glorificação de Deus e a santificação daqueles que a celebram (SC 7).

No entanto, tornar-se corpo de Cristo não deve ser entendido unicamente no âmbito moral. O ser humano foi criado à imagem de Cristo (Cl 1,15) e, por isso, somente pode realizar-se em Cristo (Ef 1,25; 4,15). Isso acontece exatamente pelo processo sacramental,

---

[1] Cf. MARSILI, S., op. cit., p. 134-135.

sobretudo pela participação na Eucaristia. Pelo sacramento do pão eucarístico, ao mesmo tempo é representada e se realiza a unidade dos fiéis que constituem um só corpo em Cristo (1Cor 10,17). A Igreja faz-se corpo de Cristo, porque se une à oferta sacramental do Senhor. O batismo nos insere no corpo de Cristo e a Eucaristia nos identifica com esse mesmo corpo. O Papa João Paulo II afirma: "A incorporação em Cristo, realizada pelo batismo, renova-se e consolida-se continuamente por meio da participação no sacrifício eucarístico, sobretudo na sua forma plena, que é a comunhão sacramental. Podemos dizer não só que cada um de nós recebe Cristo, mas também que Cristo recebe cada um de nós"[2].

A liturgia é ação do Cristo todo (*Christus totus*). A Igreja celeste não cessa de clamar dia e noite: "Santo, Santo, Santo, é o Senhor Deus, o Dominador, o que é, o que era e o que deve voltar" (Ap 4,8). A multidão dos salvos o adoram ao redor do trono (Ap 7,11). Os eleitos cantam um cântico novo (Ap 14,3). Na liturgia terrena, antegozando, participamos da liturgia celeste, que se celebra na cidade santa de Jerusalém, para a qual peregrinamos (SC 8).

A Igreja é, de fato, o momento em que acontece a assembleia cristã, e isso ocorre precisamente na assembleia da Igreja local. A Igreja se define, portanto, como comunidade litúrgica, antes de tudo no nível local (IGMR 59; 74). A Igreja local realiza o evento da Igreja universal. A celebração eucarística tem como caráter essencial o fato de ser determinada localmente, não podendo ser realizada senão em uma comunidade reunida em determinado lugar. A Igreja, pela própria natureza, é destinada a concretizar-se e a atuar em determinado lugar. Sendo a Eucaristia uma celebração local, ela não só acontece na Igreja, mas a própria Igreja torna-se um corpo visível, no sentido mais pleno do termo, somente na celebração local do sacrifício.

---

2   Cf. JOÃO PAULO II. *Ecclesia de Eucharistia*, 22.

Capítulo VI

Sacerdócio ministerial e comum dos fiéis

A Igreja como novo povo de Deus

Na Igreja primitiva, o conceito de "povo de Deus" prevaleceu sobre as demais designações; em seguida, cede espaço a outras concepções. Por um lado, a designação de povo de Deus situa a Igreja no plano de sucessão histórica da obra da redenção de Deus como a comunidade final e definitiva das alianças de Deus com o seu povo; por outro, essa designação visualiza a Igreja como povo peregrino em busca da pátria definitiva.

As visões eclesiológicas se sucedem, e o conceito de povo de Deus vai perdendo espaço a partir da Idade Média. "A conceituação da Igreja como povo de Deus implica uma interpretação histórica da obra da redenção. Ora, o método escolástico medieval não possuía uma visão adequada para a interpretação histórica. Não é, pois, de admirar que na sistemática teológica da Idade Média pouco avulta a designação da Igreja como povo de Deus."[1] No século XVI, em plena Idade Moderna, como a Reforma Protestante punha em relevo esse conceito, na Igreja Católica manifestou-se a tendência de conceituar a Igreja como sociedade perfeita constituída no mundo.

---

1 Cf. SEMMELROTH, O. A Igreja, o novo Povo de Deus. In: Baraúna, G. (Org.). *A Igreja do Vaticano II*. Petrópolis: Vozes, 1965, p. 474.

No Concílio Vaticano I, a doutrina sobre a Igreja orientava-se exclusivamente pela consideração da Igreja como corpo místico de Cristo. A eclesiologia do Vaticano II intui que não é possível ater-se a um único conceito ou a uma única imagem da Igreja, ainda que tenha posto em relevo a denominação de povo de Deus (LG 8). Lembra, também, que a Igreja não é apenas um povo, mas o povo de Deus. Nesse novo enfoque, põe-se em evidência primeiramente a unidade, a comunidade, até mesmo a igualdade fundamental no seio da Igreja hierarquicamente constituída. Em segundo lugar, destaca sua dimensão histórica, na qual Cristo a inseriu como seu povo.

O sacerdócio comum dos fiéis

O Concílio afirma que esse povo é primeiramente um povo sacerdotal e esse sacerdócio é exercido em duas dimensões. "O sacerdócio comum dos fiéis e o sacerdócio ministerial ou hierárquico ordenam-se um ao outro, embora se diferenciem na essência e não apenas em grau" (LG 10). "É um sacerdócio universal, porque é comum a todos os fiéis. Seria um erro chamá-lo sacerdócio dos leigos. Ele não é privativo dos leigos, pois os fiéis que recebem o sacramento da Ordem continuam revestidos desse sacerdócio primordial. É condição indispensável a toda consagração ulterior. É um sacerdócio de base. Qualquer outra participação no sacerdócio de Cristo não é senão o desenvolvimento ulterior dessa incorporação fundamental."[2]

Em relação ao sacerdócio comum dos fiéis, a Encíclica *Mediator Dei* deu um passo importante, embora ainda inicial: "É necessário, pois, veneráveis irmãos, que todos os fiéis tenham por seu principal dever e suma dignidade participar do santo sacrifício eucarístico, não com assistência passiva, negligente e distraída, mas com tal empenho e fervor que os ponha em contato íntimo com o sumo

---

2 Cf. DE SMEDT, E. J. *O sacerdócio dos fiéis*. In Baraúna, G. (Org.). Petrópolis: Vozes, 1965, p. 487.

sacerdote, como diz o Apóstolo: 'Tende em vós os mesmos sentimentos que Jesus Cristo experimentou' (Fl 2,5), oferecendo com ele e por ele, santificando-se com ele" (MD 73). Tudo isso consta da fé verdadeira; mas deve-se, além disso, afirmar que também os fiéis oferecem a vítima divina, sob um aspecto diverso (MD 77).

Ao estabelecer a relação entre o sacerdócio comum e o ministerial, a Encíclica enfatiza: "Dessa oblação propriamente dita os fiéis participam do modo que lhes é possível e por um duplo motivo: porque oferecem o sacrifício não somente pelas mãos do sacerdote, mas, de certo modo ainda, junto com ele; e ainda porque, com essa participação, também a oferta feita pelo povo pertence ao culto litúrgico. Fica claro que os fiéis oferecem o sacrifício, por meio do sacerdote, pois o ministro do altar age na pessoa de Cristo na condição de cabeça, que oferece em nome de todos os membros; pelo que, em bom direito, se diz que toda a Igreja, por meio de Cristo, realiza a oblação da vítima" (MD 83).

O Concílio Vaticano II aborda o tema com maior abrangência. O povo cristão, na qualidade de sacerdócio régio, indica o direito e o dever de participar da liturgia em virtude do batismo (SC 14). Toda a Igreja constitui uma comunidade sacerdotal, porque todos os discípulos de Cristo, estabelecidos como o povo de Deus, foram constituídos sacerdotes (LG 3). Os cristãos formam um sacerdócio régio, enquanto participam da missão à qual Jesus foi consagrado (ungido) pelo Espírito Santo em sua humanidade (PO 2).

O sacerdócio está, portanto, presente em cada um dos fiéis cristãos em virtude de sua inserção em Cristo pelo batismo. Contudo, recebem o título de povo sacerdotal e de comunidade sacerdotal somente quando estão formados e realizados como povo sacerdotal, em virtude do dinamismo litúrgico, por aquele que, como cabeça sacerdotal (ministro ordenado), preside essa comunidade sacerdotal.

Trata-se de um sacerdócio comum, universal, de todos os cristãos, como vimos (os cristãos leigos, os religiosos e o clero).

Todos formam o único povo de Deus. O sacerdócio comum e o ministerial ordenam-se um ao outro, embora se diferenciem não apenas por grau, mas por natureza (LG 10). Essa diferença essencial provém do sacramento da Ordem e de seu caráter. Por isso, afirma-se que o ministro ordenado age *in persona Christi* e não *in persona fidelium*. O ministério ordenado não substitui o sacerdócio dos fiéis, mas o preside ministerialmente na celebração eucarística.

Essa distinção e, simultaneamente, reciprocidade, pode ser sintetizada nesta afirmação: "O exercício do sacerdócio ministerial é sempre orientado para o sacerdócio universal do povo de Deus. O primeiro é essencialmente relativo ao segundo. Este constitui, de certo modo, o objeto daquele, seu campo de aplicação. O sacerdócio ministerial é um serviço, um ministério de que se serve Cristo para pôr à disposição de seus discípulos a força sobrenatural, a instrução, a formação, o apoio e a direção de que necessitam para viverem a sua fé e cumprirem a sua missão. No entanto, o sacerdócio universal também é orientado essencialmente para o sacerdócio ministerial. Sem a distribuição das graças, a pregação da palavra e a direção pastoral, asseguradas pela hierarquia, os membros do sacerdócio universal ver-se-iam privados da competência e do socorro que Cristo lhes quer oferecer pelo Espírito Santo"[3].

O sacrifício dos cristãos consiste em se tornarem um só corpo em Cristo. Este é o ato de culto que cada cristão, consagrado pelo batismo, oferece continuamente a Deus com a santidade de vida. Esse ato de culto plenifica-se na liturgia sacramental, particularmente na Eucaristia. "Os fiéis, na missa, em virtude do seu caráter batismal, oferecem um sacrifício em regime cristão, e assim exercitam um sacerdócio em regime cristão que, com respeito aos conceitos acima definidos, é tal não equivocamente, nem só metaforicamente, mas realmente. Isso consiste propriamente no fato

---

3 Cf. DE SMEDT, E. J., op. cit., p. 488-489.

de que oferecem como seu próprio sacrifício, incluindo, portanto, aí a oferta de si mesmos até a destruição da própria vida, se assim aprouver a Deus, o sacrifício que Cristo oferece por meio do sacerdócio hierárquico."[4]

Visando a essa melhor participação, a Introdução Geral sobre o Missal Romano indica vários meios: o sacerdócio régio dos fiéis, cujo sacrifício espiritual atinge plena realização pelo ministério dos presbíteros, em união com o sacrifício de Cristo, único Mediador (n. 5); a comunhão sob duas espécies como oportunidade para compreender melhor o mistério de que os fiéis participam (n. 14); a aproximação dos fiéis da sagrada liturgia (n. 15). Visando a essa participação plena, é necessário investir na formação e na educação dos fiéis.

---

4 Cf. VAGAGGINI, C., op. cit., p. 152.

Capítulo VII

Participação na liturgia

Introdução

A liturgia é a ação de *Christus totus* – Cristo todo – cabeça e membros. Em Cristo, Sacerdote, Altar e Cordeiro, toda a Igreja é celebrante, cada membro de acordo com sua especificidade ministerial. O *Catecismo da Igreja Católica* afirma: "É toda a comunidade, o corpo de Cristo unido à sua cabeça, que celebra. As ações litúrgicas não são ações privadas, mas celebrações da Igreja, que é o sacramento da unidade, isto é, o povo santo, unido e ordenado sob a direção dos bispos" (n. 1140). E continua: "A assembleia que celebra é a comunidade dos batizados, os quais, pela regeneração e unção do Espírito Santo, são consagrados para serem casa espiritual e sacerdócio santo e para poderem oferecer como um sacrifício espiritual toda atividade humana do cristão. Esse sacerdócio comum é o de Cristo, único sacerdote, participado por todos os seus membros" (n. 1.141)[1].

Do exercício desse sacerdócio deriva para os fiéis a graça, o direito e o dever de participar ativa, consciente, plena, frutuosa e piedosamente da liturgia.

Comportamento celebrativo

A Constituição Conciliar enfatiza: "É desejo ardente da mãe Igreja que todos os fiéis cheguem àquela plena, consciente e ativa

---

1   Cf. LG 10.

participação na celebração litúrgica que a própria natureza da liturgia exige e à qual o povo cristão, 'raça escolhida, sacerdócio real, nação santa, povo adquirido' (1Pd 2,9; cf. 2,4-5), tem direito e obrigação, por força do batismo. A essa plena e ativa participação de todo o povo cumpre dar especial atenção na reforma e no incremento da sagrada liturgia: com efeito, ela é a primeira e necessária fonte, da qual os fiéis podem haurir o espírito genuinamente cristão. Esta é a razão que deve levar os pastores de almas, em toda a sua atividade pastoral, a procurá-la com o máximo empenho, por meio da devida formação" (SC 14).

A primeira finalidade da reforma litúrgica não foi simplesmente a mudança de ritos, de fórmulas e de textos, mas de comportamento celebrativo. Participação não pode ser confundida com mera observação de rubricas. Era preciso aproximar os fiéis do mistério celebrado. Por ser a liturgia a fonte e o cume da vida da Igreja (SC 10), os cristãos devem participar com conhecimento de causa, ativa e frutuosamente (SC 11) e, assim, colaborar para a plena celebração comunitária da fé. Todos os membros da assembleia litúrgica são convocados a participar.

É preciso tomar parte da liturgia como um todo, da forma que ela realmente é, e não apenas de sua expressão ritual. Vale lembrar a relação íntima entre ação litúrgica e vida cotidiana. Em outros termos, é necessário penetrar o mistério de Cristo celebrado na liturgia, entrar em profundo contato com o Salvador em seu mistério pascal. Por isso, além da formação litúrgica, catequética e doutrinal, é fundamental desenvolver uma espiritualidade litúrgica (participação interior) que alimente e dê sentido à participação exterior[2].

---

2 José Raimundo de Melo enumera uma série de meios, visando à participação mais plena dos fiéis nas celebrações litúrgicas: educação litúrgica dos fiéis; adoção da língua do povo; adaptação do espaço celebrativo à celebração; preparação da celebração; introdução de variações na celebração; valorização da *homilia*; utilização de gestos simbólicos; incentivo ao canto e à música litúrgica e recepção da comunhão eucarística. Cf. DE MELO, R.J. A participação ativa na liturgia: grande aspiração da Reforma Litúrgica do Vaticano II. In: DA SILVA, A.; SIVINSKI, M. *Liturgia, um direito do povo*. Petrópolis: Vozes, 2001, p. 21-36.

A participação na liturgia não é apenas uma questão de direito e de dever; antes de tudo, é um dom, uma graça, uma eleição. Somos convocados pelo Pai para oferecer com Cristo, por Cristo e em Cristo o único sacrifício que foi do seu agrado, o sacrifício do próprio Filho, oferecido uma vez por todas na cruz, ele que vive para todo o sempre. Não nos autoconstituímos povo de Deus; é o Senhor quem nos escolhe (1Pd 2,6-9).

Com base nessa eleição surgem o direito e o dever de participar ativa, consciente, plena, frutuosa e piedosamente do mistério de Cristo, celebrado na liturgia. "Para chegar a essa eficácia plena, é necessário que os fiéis se acerquem da sagrada liturgia com disposições de reta intenção, adaptem a mente às palavras, e cooperem com a graça divina para não recebê-la em vão (SC 11). Tais disposições para que "o nosso sacrifício seja aceito por Deus Pai Todo-Poderoso" (IGMR 25) seriam simplesmente as atitudes propostas pelo profeta Isaías ao povo eleito: buscar o Senhor a cada dia, por meio da prática da justiça, da observância da lei, do jejum, da honestidade, do empenho pela fraternidade, pela mortificação dos costumes perversos, pela prática diária da caridade fraterna, mediante o acolhimento dos pobres, dos órfãos, das viúvas, dos peregrinos (Is 58,1-9).

A participação na liturgia não termina quando se encerra o rito, pelo simples fato de que a liturgia não termina; é apenas celebrada de outro modo e em outro espaço: na vida concreta de cada dia. Há que ressaltar, ainda, a relação entre liturgia e vida.

Qualificações da participação litúrgica

Cabe, por último, analisar, ainda que rapidamente, as qualificações dessa participação litúrgica, descritas na Constituição Conciliar com os termos participar ativa, consciente, plena, frutuosa e piedosamente da liturgia[3]. Na vida litúrgica da diocese que

---

3 São muitos os autores que desenvolvem este tema. Cito particularmente Valeriano Santos Costa em seu livro: *Viver a ritualidade litúrgica como momento histórico da salvação*. São Paulo: Paulinas, 2005.

gravita em torno do bispo, sobretudo na igreja catedral, manifesta-se a Igreja e se promove uma participação perfeita e ativa de todo o povo santo de Deus, especialmente na mesma Eucaristia, numa única oração, num só altar a que preside o bispo rodeado por seu presbitério e seus ministros" (SC 41).

Participação ativa

A liturgia é definida como uma ação, um trabalho, uma função (érgon) em favor do povo (laós) – leitourgía. A dimensão ativa está, pois, intrinsecamente presente. Participar da liturgia é desenvolver uma ação "sagrada". Por conseguinte, ninguém é objeto no exercício de uma ação litúrgica. Somos todos sujeitos no sacerdócio batismal, para todos os fiéis, e também no sacerdócio ministerial, para os ordenados.

Na verdade, quando se afirma que os fiéis participam de uma única ação de Cristo e da Igreja como sujeitos, não significa que eles sejam os titulares dessa ação, mas os destinatários das ações e palavras salvíficas de Cristo. Ser destinatário não é ser mero objeto, porque interagimos com Cristo. Somos seres livres. Portanto, Cristo sempre será o titular.

Uma ação envolve a pessoa inteira, interna e externamente: espírito, mente, sentidos, gestos, palavras, liberdade, criatividade, silêncio. "A ação litúrgica, portanto, tem, por natureza, de envolver a pessoa inteira em um processo de comunicação que ultrapassa os limites do sensível, mas não as fronteiras da história, pois quando o homem se integra em Deus, também ajuda na integração do mundo, vítima da desintegração do pecado. O ponto máximo dessa integração se dá na comunhão entre o céu e a terra em Cristo Ressuscitado."[4]

A participação deverá ser sempre plena, tanto interna como externamente. Ainda que se admitam graus mais ou menos

---

4 SANTOS COSTA, V., op. cit., p. 49.

perfeitos nessa participação, sempre se deve tender a obter a máxima vivência, em ambos os aspectos. A meta é a participação plena.

A liturgia, por ser um culto essencialmente eclesial, comunitário, exige uma participação também comunitária. Respeita-se a subjetividade, mas não o subjetivismo. "Quando, portanto, se diz que a pastoral litúrgica se preocupa essencialmente em fornecer à celebração litúrgica uma expressão social e comunitária, significa simplesmente que ela se preocupa em induzir os fiéis a responder do modo mais perfeito possível também em sua subjetividade interna e externa ao caráter necessariamente social e comunitário de toda ação litúrgica."[5]

Visando a uma melhor participação dos fiéis na celebração e na Igreja, o Espírito e a comunidade eclesial suscitam os ministérios litúrgicos como um serviço. Não compete a eles, portanto, promover um *show*, mesmo porque a liturgia não é um teatro, mas a celebração do mistério pascal de Cristo. Os ministros não estão a serviço próprio, mas do povo celebrante. Não chamarão a atenção do povo para si, mas conduzirão a assembleia para Cristo. Ninguém deverá roubar o lugar de Cristo: ele é o único Senhor.

No entanto, a participação se realiza pela mediação do rito. "Por isso, a Igreja procura, de forma solícita e cuidadosa, que os cristãos não assistam a esse mistério de fé como estranhos ou espectadores mudos, mas participem da ação sagrada, consciente, piedosa e ativamente, por meio de uma boa compreensão dos ritos e orações; sejam instruídos na Palavra de Deus; alimentem-se na mesa do corpo do Senhor; deem graças a Deus; aprendam a oferecer-se a si mesmos, ao oferecer junto com o sacerdote, não só pelas mãos dele, a hóstia imaculada; que dia após dia, por meio do Cristo mediador, progridam na união com Deus e entre si, para que finalmente Deus seja tudo em todos" (SC 48).

---

5   VAGAGGINI, C. *O sentido teológico da liturgia*. São Paulo: Loyola, 2009, p. 715.

O rito é essencialmente ativo, não normativo; por isso, não pode ser confundido com rubrica. Seu mundo é simbólico, sendo a liturgia um complexo de sinais sensíveis, por meio dos quais os fiéis, em Cristo e por Cristo, na Igreja e pela Igreja, prestam seu culto a Deus. Assim, o sinal litúrgico, no regime efetivamente querido por Deus, é o lugar de encontro entre Deus e o homem, onde Deus desce ao homem e o homem sobe a Deus.

É preciso preocupar-se em realizar bem o rito, isto é, em não quebrar o rito pelo excesso de comentários absolutamente desnecessários, por improvisações inoportunas durante a celebração. Não se pode também forçar a vivência do rito, tampouco colocá-lo a serviço de privilégios, quer de pessoas, quer de situações. É necessário deixá-lo falar. Já nos perguntamos o que o rito tem a nos dizer? Mais que executar uma cerimônia exterior, celebrar um rito significa entrar na intimidade do mistério, deixar-se tocar por Deus. O verdadeiro encontro acontece para além dos sinais exteriores.

Participação consciente

Não pode haver verdadeira participação ativa que não seja igualmente consciente. A *Sacrosanctum Concilium* coloca-as juntas, porque, na verdade, são inseparáveis (SC 11;14;48). Em um primeiro momento, percebe-se a necessidade da evangelização e da catequese litúrgica (SC 59). Certamente o conhecimento da fé é importante para que se possa responder ao porquê de sua celebração e de celebrarmos nossa fé.

A participação consciente engloba razão, sentimento, emoção. Integra os vários sentidos da palavra consciente: conhecimento, convicção, convivência, participação comum. Na Sagrada Escritura, o verbo conhecer expressa a solidariedade familiar (Dt 33,9) e as relações conjugais (Gn 4,1). O homem conhece a Deus quando é atingido por sua ação julgadora (Ex 12,15). Conhece-o de modo bem diferente quando entra em sua aliança (Jr 31,34). E é pouco a pouco introduzido em sua intimidade. O conhecimento é também relacionado à transformação interior (Dt 30,6), à mudança do coração de pedra em coração de carne (Ez 36,26).

Segundo a Escritura, o conhecimento vem mais do coração do que da inteligência. É, portanto, bastante pertinente a observação: "Desse modo, a palavra-chave para a participação litúrgica consciente é iniciação, que foi um dos pontos altos dos primórdios da Igreja. É preciso conhecer o mistério de Cristo (com a mente) para poder se identificar com ele (com o coração). O problema da liturgia está na falta de iniciação ao mistério, que a evangelização e a catequese têm o dever de proporcionar. Para amar, é preciso conhecer e, para conhecer de verdade, é preciso amar"[6].

Por isso, participar conscientemente não significa apropriar--se do mistério, como se pudéssemos abrangê-lo com nosso intelecto. Antes: o mistério de Cristo envolve-nos, nos atinge e alcança com seu poder redentor. O Espírito de Deus, que conhece todas as coisas, nos conduz à plena consciência.

Participação plena

O termo pleno abrange muitos significados. Indica, inicialmente, uma atitude de unidade entre corpo e espírito, ser e agir, mente e coração. Abarca o ser humano por inteiro. Lembra também que a celebração litúrgica constitui uma unidade: palavras, ritos, gestos, silêncio, atitudes, serviços, funções. "A participação litúrgica é plena, portanto, quando atinge o mistério, envolvendo todas as dimensões da corporeidade e gerando a sintonia das ações litúrgicas."[7]

A participação plena começa pela acolhida de Deus e dos irmãos. É um dom. Entrar em comunhão com esse dom é

---

6 Cf. SANTOS COSTA, V., op. cit., p. 80.
7 Ibidem, p. 84.

essencialmente obra do Espírito de Deus. Assim, a participação na liturgia deve educar-nos para esse encontro. Matias Augé afirma: "A liturgia possui uma pedagogia específica própria para conduzir os participantes a penetrar o mistério celebrado, que passa através dos ritos e das orações. Essa pedagogia, porém, é ineficaz se não se está preparado para absorvê-la e assimilá-la a ponto de deixar-se dominar pela celebração e transformar-se, dessa forma, em participantes envolvidos e em protagonistas"[8].

A Constituição Conciliar nos ensina que os sacramentos "não só supõem a fé, mas por palavras e coisas a alimentam, a fortalecem e a exprimem" (SC 59). Isso significa que a plena participação manifesta-se pelo acolhimento da fé, uma fonte da espiritualidade litúrgica, uma verdadeira experiência de plenitude e de gozo da presença de Deus; o culto em espírito e em verdade.

Participação frutuosa

Depois de afirmar que a liturgia é o cume para o qual se dirige toda a ação da Igreja e, ao mesmo tempo, a fonte de onde emana sua força, a Constituição Conciliar põe em relevo a dupla dimensão da liturgia e, de modo particular, da Eucaristia: a glorificação de Deus e a santificação da humanidade em Cristo (SC 10). A participação frutuosa acontece quando são alcançadas essas dimensões. "O texto e as cerimônias devem ordenar-se de modo que de fato exprimam mais claramente as coisas santas que eles significam e de forma que o povo cristão possa compreendê-las facilmente, na medida do possível, e também participar plena e ativamente da celebração comunitária" (SC 21).

Na profecia de Ezequiel, as águas que jorravam sob o limiar do Templo e que se transformavam num rio que somente se podia atravessar a nado davam vida a uma quantidade enorme de

---

8   Cf. AUGÉ, M. *Liturgia, história, celebração, teologia, espiritualidade*. São Paulo: Ave-Maria, 1998, p. 80.

peixes e, até mesmo, tornavam potáveis as águas salgadas do mar. As árvores produzirão frutos abundantes durante todo o ano e suas folhas servirão de remédio (Ez 47,1-12). A participação frutuosa na liturgia permite experimentar os frutos da salvação, regados pelo sangue e pelas águas que brotaram do lado aberto de Cristo na cruz, águas santas e santificadoras que nos regeneraram pelo batismo para uma vida nova em Cristo ressuscitado e que, desembocando nas águas salgadas de nossas contínuas imperfeições, vão santificando nossos maus hábitos, pensamentos, palavras e atitudes para nos tornarmos um novo fermento (cf. 1Cor 5,7-8).

Participação piedosa

A piedade é um dom do Espírito Santo. A participação piedosa na liturgia é essencialmente uma obra do Espírito Santo. O dom da piedade produz em nós uma afeição filial para com Deus, adorando-o com amor sobrenatural e com ardor, bem como com uma terna afeição para com as pessoas e coisas divinas. Ela aprimora em nós a virtude da justiça, sob todas as suas formas, a da religião, a da própria piedade e a da gratidão. Pela virtude da justiça, damos ao outro (a Deus ou ao próximo) aquilo que lhe pertence. Pelo dom da piedade, damos ao outro tudo o que podemos dar, sem medidas. O dom da piedade promove no coração humano a experiência existencial de nossa filiação divina. Por ele, somos introduzidos no relacionamento do Filho de Deus, Jesus, com o Pai, na Trindade.

A participação piedosa mobiliza a mente, o coração, as emoções, os afetos. Não deve ser confundida, no entanto, com *pietismo*, que constitui uma expressão doentia da piedade. Sob outro aspecto, está relacionada com consagração a Deus, com voto, que leva o ser humano a uma experiência mística com o mistério da piedade "manifestado na carne, justificado no Espírito, visto pelos anjos, anunciado aos povos, acreditado no mundo, exaltado na glória"

(1Tm 3,16). O acolhimento do mistério celebrado harmoniza o ser humano interior e exteriormente.

O exercício da participação piedosa abrange ainda aquelas expressões públicas ou privadas da piedade cristã designadas com o nome de piedade popular, religiosidade popular, catolicismo popular, devoção popular. Mesmo não fazendo parte da liturgia, estão em harmonia com ela, respeitando seu espírito, normas e ritmos. Essa temática será abordada em outro momento.

Capítulo VIII

Pastoral litúrgica

Introdução

A liturgia é uma ação, uma obra (*érgon*) a serviço do povo (*laós*); por isso, fala-se frequentemente em ação litúrgica, aludindo ao dinamismo que envolve o conjunto dos ritos e a participação da assembleia. A pastoral litúrgica coordena, anima, organiza esse serviço, mantendo-se fiel ao mistério celebrado e à comunidade celebrante. "A liturgia é, por conseguinte, práxis simbólica, isto é, ortopráxis profundamente unida à ortodoxia à medida que não se reduz a uma mera cerimônia ritual, já que expressa, atualiza e torna operativa a práxis pascal de Cristo"[1]. A pastoral litúrgica, no contexto da fidelidade à ortodoxia, ao magistério e ao reto procedimento litúrgico, visa celebrar dinamicamente esses mistérios da fé, a fim de que toda a comunidade cristã tenha vida, e vida em abundância (Jo 10,10).

O Concílio Vaticano II afirma: "Com razão, portanto, a liturgia é considerada como exercício da função sacerdotal de Cristo. Ela simboliza por meio de sinais sensíveis e realiza de modo próprio a cada um a santificação dos homens; nela o corpo místico de Jesus Cristo, cabeça e membros, presta a Deus o culto público integral" (SC 7). O fim último da liturgia é o culto a Deus (SC 59). A pessoa do Verbo e seu sacrifício redentor foram o instrumento de nossa salvação (SC 5).

---

1 Cf. BOROBIO, D. (Org.). *A celebração na Igreja*. V. I . São Paulo: Loyola, 1990, p. 428.

A liturgia possui, por conseguinte, uma dimensão pastoral, visto que concretiza a ação pascal de Cristo e predispõe a comunidade à celebração. "A liturgia precede a pastoral litúrgica, uma vez que é o exercício do sacerdócio de Jesus Cristo (SC 9). Ela é mais do que a pastoral, e a ultrapassa. A liturgia está na linha do ser da Igreja; já a pastoral litúrgica encontra-se na ordem do crescimento do corpo de Cristo"[2].

A pastoral litúrgica tem um antes (anúncio profético da palavra, de evangelização e de catequese), um durante (celebração do mistério anunciado) e um depois (momento da vivência do amor celebrado, por meio da caridade fraterna e da transformação do mundo). Ela constitui uma parte da ação pastoral da Igreja (SC 9). A pastoral litúrgica é a ação pastoral do povo de Deus com o objetivo de edificar o corpo de Cristo, mediante ações eclesiais do culto cristão, levando em consideração a situação do povo de Deus.

A meta da pastoral litúrgica consiste em viabilizar a participação ativa, consciente, frutuosa e plena do povo no mistério de Cristo, respeitando a linguagem simbólica dos ritos, gestos, palavras e atitudes, no contexto do tempo, do lugar e das circunstâncias, segundo as características das diversas culturas, povos e nações. De acordo com essa pastoral, a Constituição Conciliar enumera alguns princípios importantes: a preservação da natureza da liturgia; a reforma litúrgica; as possíveis adaptações na liturgia; a dimensão evangelizadora da espiritualidade litúrgica; a participação consciente, ativa, frutuosa e plena dos fiéis; os exercícios de piedade e a religiosidade popular; e a formação litúrgica. Vários desses temas já foram abordados anteriormente.

Preservação da liturgia em sua natureza

No Proêmio, a Constituição Litúrgica lembra que é preciso "adaptar melhor às exigências do nosso tempo aquelas instituições

---

2 Cf. Ibidem, p. 430.

que são suscetíveis a mudanças" (SC 1). Essa recomendação deseja assegurar que existem elementos não suscetíveis à mudança, isto é, elementos permanentes, fundantes na celebração litúrgica: a atuação da obra de nossa redenção; a manifestação do mistério de Cristo e a genuína natureza da verdadeira Igreja; o humano orientado e subordinado ao divino, o visível ao invisível, a ação à contemplação, a realidade presente à futura; a habitação de Deus no Espírito; a plenitude de Cristo; o anúncio da Igreja como estandarte erguido diante das nações, sob o qual os filhos dispersos de Deus possam reunir-se na unidade, para que haja um só rebanho e um só pastor (SC 2).

Mais adiante, o Concílio afirma, novamente, que "a liturgia compõe-se de uma parte imutável, porque provém de uma instituição divina, e de partes susceptíveis de mudanças. Estas, com o passar dos tempos, podem ou até mesmo devem variar, se nelas se introduzirem elementos que menos correspondam à natureza íntima da liturgia ou se tenham tornado menos apropriados" (SC 21). Ressalta também que "as ações litúrgicas não são ações privadas, mas celebrações da Igreja, que é 'sacramento de unidade', povo santo reunido e ordenado sob a direção dos bispos" (SC 26).

A liturgia precisa evidenciar, em qualquer tempo ou lugar, que a natureza humana de Cristo, na unidade da pessoa do Verbo, foi o instrumento de nossa salvação. Pelo que nele deu-se o perfeito cumprimento de nossa reconciliação com Deus e nos foi comunicada a plenitude do culto divino (SC 5). Por sua morte e ressurreição Jesus Cristo nos livrou do poder do mal e da morte e nos transferiu para o Reino do Pai (SC 6). Por sua morte e ressurreição fomos adotados como filhos (SC 6). Para realizar tão grande obra, Cristo está sempre presente em sua Igreja, especialmente nas ações litúrgicas (SC 7).

No entanto, embora seja o cimo para o qual se dirige a ação da Igreja e, ao mesmo tempo, a fonte donde emana toda sua força, a liturgia não esgota toda a ação da Igreja (SC 10). Há um antes e um depois que preparam os fiéis para a ação litúrgica e que os encaminham para a vivência cristã na sociedade. A pastoral litúrgica tem a ver com o antes, o durante e o depois.

Promoção da reforma litúrgica

Precisamente para não perder o foco dos elementos essenciais da liturgia, uma vez que o mistério de Cristo deve ser celebrado pela Igreja para a glorificação de Deus e a redenção dos homens, o documento conciliar afirma: "Realmente, nesta grandiosa obra, pela qual Deus é perfeitamente glorificado e os homens são santificados, Cristo sempre se associa à Igreja, sua amadíssima esposa, que invoca seu Senhor, e por ele presta culto ao eterno Pai (SC 7).

Antes de nos reportarmos aos vários aspectos dessa reforma litúrgica, recordamos algumas normas gerais: 1. O Concílio relembra princípios referentes ao incremento e à reforma da liturgia e estabelece algumas normas práticas (SC 3). 2. É necessário promover a reforma, o progresso e a adaptação da sagrada liturgia (SC 24). 3. Embora seja mantido o uso da língua latina nos ritos latinos, onde for oportuno, o Concílio reconhece que, não raramente, o uso da língua vernácula pode ser muito útil para o povo, seja na missa, seja na administração dos sacramentos, seja em outras partes da liturgia (SC 36). 4. A Constituição recomenda ainda o incremento da vida litúrgica na diocese e nas paróquias (SC 41) e o incentivo à pastoral litúrgica (SC 43).

Princípios da adaptação litúrgica

A Constituição Conciliar reconhece a necessidade de adaptar melhor às exigências de nosso tempo aquelas instituições que são suscetíveis a mudanças, sem deixar de reconhecer que há limites a serem respeitados (SC 1). Embora não use o termo "inculturação", em determinadas circunstâncias o Concílio deixa transparecer a necessidade desse processo. "A Igreja não deseja impor na liturgia uma uniformidade rígida para o que não diz respeito à fé ou ao bem de toda a comunidade; mas respeita e procura desenvolver as qualidades e dotes de espírito das várias raças e povos. A Igreja considera com benevolência tudo o que em seus costumes não está indissoluvelmente ligado à superstição e ao erro e, quando possível, o conserva inalterado e, por vezes, até o admite na própria liturgia, desde que esteja de acordo com as normas do verdadeiro e autêntico espírito litúrgico" (SC 37).

"Em outras palavras – de acordo com a ponderação de Anscar Chupungco –, a adaptação refere-se ao programa geral de atualização ou *aggiornamento*. Entretanto, como a adaptação é culturalmente neutra, ela precisa da aculturação, da inculturação e da criatividade como enfoques, métodos ou maneiras de realizar a atualização proposta pelo Concílio."[3] A aculturação litúrgica constitui uma interação entre a liturgia romana e a cultura local. Esse processo passa por um estudo dos elementos culturais que possam ser assimilados, de acordo com uma metodologia própria e as leis intrínsecas que regem tanto o culto cristão como a cultura. A inculturação, por sua vez, é um processo pelo qual os textos de ritos usados no culto pela Igreja local estão de tal modo inseridos na estrutura da cultura que absorvem seu pensamento, sua linguagem e seus modelos rituais[4].

Há uma razão antropológica e teológica na base desse processo. O Concílio afirma: "Como Cristo, por sua encarnação, se ligou às condições sociais e culturais dos homens, com quem conviveu, assim deve a Igreja inserir-se em todas essas sociedades, para que a todas possa oferecer o mistério da salvação e a vida trazida por Deus (AG 10). Evidentemente, por causa da natureza do culto cristão, há elementos culturais que não podem ser assimilados sem passar por uma avaliação crítica (SC 37).

---

3 Cf. CHUPUNGCO, A. *Liturgias do futuro*. São Paulo: Paulinas, 1992, p. 33.
4 Ibidem, p. 38.

Por criatividade litúrgica entendemos que os novos textos litúrgicos podem ser compostos independentemente da estrutura tradicional do eucológio romano[5]. Abre-se a possibilidade para a criação de modelos de formulários com outros padrões linguísticos, como a preparação de novos ritos litúrgicos. Não se trata simplesmente de mudar o rito; por vezes, mais importante que modificar é aprofundar o verdadeiro significado interior, o conteúdo do mistério que o rito encerra e que entende celebrar. É possível que o problema não passe tanto pela mudança do rito, mas pela compreensão bíblico-teológica deste. Nesse caso, é preciso priorizar a espiritualidade e a catequese litúrgicas.

Não é raro ouvir falar em ritualismo, cerimônia enfadonha, formalidade sem vida, exterioridade sem coração... O rito, antes de ser celebrado, deve ser acolhido. É um dom do Espírito. Os ritos litúrgicos não são realidades vazias. Andrea Grillo ressalta: "A reforma litúrgica não significa, em primeiro lugar, a reforma que a liturgia sofre nos próprios ritos, e sim a reforma que a liturgia promove mediante os próprios ritos"[6]. No contexto da fé, são os ritos que devem nos transformar, e não o contrário.

Espiritualidade litúrgica

O Concílio afirma: "Desse modo, a liturgia, enquanto edifica aqueles que estão na Igreja em templo santo no Senhor, em habitação de Deus no Espírito, até atingir a medida da plenitude de Cristo, ao mesmo tempo e de modo admirável robustece suas forças para que preguem o Cristo; e assim, aos que estão fora, ela mostra a Igreja como estandarte erguido diante das nações, sob o qual os filhos dispersos de Deus possam reunir-se na unidade, para que haja um só rebanho e um só pastor" (SC 2).

---

5 Cf. CHUPUNGCO, A., op. cit., p. 44.
6 Cf. GRILLO, A. *Liturgia, epifania da Palavra de Deus na SC e nos outros documentos do Concílio Vaticano II*, palestra proferida no Seminário Nacional de Liturgia, Itaici, São Paulo, 31 de janeiro a 4 de fevereiro de 2012. Texto 3, p. 11.

Nos albores do movimento litúrgico foram importantes a reflexão e a renovação nos mosteiros. Nomes como Própero Guéranger (1805-1875) e seus dois irmãos monges Mauro e Plácido Wolter promoveram a renovação litúrgica no mosteiro de Solesmes. Para Guéranger, a liturgia devia ser a oração da Igreja por excelência[7]. De fato, na liturgia não são os agentes humanos os principais protagonistas, mas Deus. É essencialmente obra da Santíssima Trindade que se eleva ao Pai pelo Filho na unidade do Espírito Santo. O original da liturgia não são as formas (realidades humanas), mas o conteúdo e o mistério[8].

O Documento de Aparecida aborda várias dimensões da espiritualidade cristã nos diversos níveis da Igreja universal, diocesana e paroquial. Afirma que deve estar a serviço da comunhão missionária (DA 203). José María Arnaiz assegura: "A iniciação em uma espiritualidade é levada a cabo pelos mestres, os que já são discípulos missionários. Entre eles se apresenta Maria, e se descreve com muito acerto seu trabalho formador (DA 266-272). Mestres são também os apóstolos e os santos e santas e, sobretudo, os grandes missionários de ontem e de hoje"[9]. Trata-se de uma espiritualidade trinitária (DA 240), um impulso para a nova evangelização (DA 307). Em resumo, uma espiritualidade de comunhão (DA 368).

---

7   Cf. FLORES, J. J. *Introdução à teologia litúrgica*. São Paulo: Paulinas, 2006, p. 56.
8   Cf. BOROBIO, D. *Celebrar para viver*. São Paulo: Loyola, 2009, p. 33.
9   Cf. ARNAIZ, J.M. In: AMERINDIA (Org.). *Conferência de Aparecida:* renascer de uma esperança. São Paulo: Paulinas, 2008, p. 209.

Capítulo IX

O mistério eucarístico

Evidentemente, não se deseja desenvolver aqui uma visão completa sobre a Eucaristia. Há muitos documentos oficiais da Igreja e inúmeras obras escritas por renomados teólogos que abordam com maestria esse tema. Nosso objetivo é comentar alguns aspectos acentuados pela Constituição Litúrgica do Concílio Vaticano II: visão conjunta da Eucarista; memorial do mistério pascal de Cristo; equilíbrio entre palavra e sacramento; o protagonismo do mistério eucarístico.

Eucaristia: ceia e sacrifício

A princípio, o texto conciliar une fortemente as duas dimensões fundamentais da Eucaristia: ceia e sacrifício. "O nosso Salvador instituiu na Última Ceia, na noite em que foi entregue, o sacrifício eucarístico do seu corpo e do seu sangue para perpetuar no decorrer dos séculos, até ele voltar, o sacrifício da cruz" (SC 47). A Eucaristia foi instituída no contexto da ceia pascal, uma refeição de aliança. Assumiu também uma dimensão de aliança sacrificial: corpo que será entregue... Sangue que será derramado. Como pano de fundo temos a aliança do Sinai (Ex 24), a aliança presidida por Josué (Js 24), a aliança consolidada por Esdras e Neemias no retorno do cativeiro (Ne 9).

O *Catecismo da Igreja Católica* afirma: "Ao celebrar a Última Ceia com os apóstolos durante a refeição pascal, Jesus deu seu sentido definitivo à Páscoa judaica. Com efeito, a passagem de Jesus a seu Pai por sua morte e ressurreição, a Páscoa nova, é antecipada na ceia e celebrada na Eucaristia que realiza a Páscoa judaica e antecipa a Páscoa final da Igreja na glória do Reino" (CIC 1340).

A ceia pascal judaica, durante a qual Jesus celebrou sua Última Ceia, fazia memória de todas as celebrações da antiga aliança. Ao nos oferecer seu corpo e seu sangue, Jesus recapitula todas essas alianças e as plenifica. Seu corpo dado e seu sangue derramado constituirão a nova e eterna aliança para a redenção de toda a humanidade. O autor da carta aos Hebreus afirma: "Cristo, porém, veio como sumo sacerdote dos bens futuros. Ele atravessou uma tenda maior e mais perfeita, que não é obra de mãos humanas, isto é, que não pertence a esta geração. Entrou de uma vez por todas no santuário, não com o sangue de bodes e de novilhos, mas com o próprio sangue, obtendo a redenção eterna" (Hb 9,11-12).

A universalidade da aliança do Messias não se opõe à eleição particular de Israel, mas nela se enraíza. "A fraternidade de todos os homens convidados para a mesma mesa de Deus não mais se baseia na unidade de raça (como para Israel), nem na similitude do chamado (como para as nações), mas no fato de que toda a humanidade é adotada por Jesus Cristo, de que cada homem se torna verdadeiramente filho de Deus no Filho único."[1]

A Igreja primitiva manteve o justo equilíbrio entre as várias dimensões do mistério eucarístico (ceia, ação de graças, sacrifício e presença real). Aos poucos, porém, por motivo de acentuações inadequadas, as dimensões de sacrifício e de presença real foram supervalorizadas, deixando um tanto na sombra as dimensões de ceia e de ação de graças. A doutrina do Concílio de Trento buscou uma concepção equilibrada, mas as dificuldades emanadas da prática litúrgica católica, eivada de imprecisões teológicas e vícios

---

1 Cf. DEISS, L. *A Ceia do Senhor.* São Paulo: Paulinas, 1985, p. 51-52.

celebrativos consolidados na piedade popular, como também as posições da Reforma Protestante, não permitiram um equilíbrio consistente[2].

O Concílio Vaticano II, apoiado no movimento bíblico e nos novos conceitos elaborados pelo movimento litúrgico, e alicerçado nos ensinamentos da Encíclica *Mediator Dei*, de Pio XII (1947), logrou apresentar uma síntese equilibrada quando afirmou que cabe à Igreja, esposa bem-amada, "perpetuar no decorrer dos séculos, até que ele volte, o sacrifício da cruz, o memorial da sua morte e ressurreição: sacramento de piedade, sinal de unidade, vínculo de caridade, banquete pascal em que se recebe Cristo; a alma se enche de graça e nos é dado o penhor da glória futura" (SC 47).

O *Catecismo da Igreja Católica* lembra: "A Eucaristia é um sacrifício de ação de graças ao Pai, uma bênção pela qual a Igreja exprime seu reconhecimento a Deus por todos os seus benefícios" (n. 1.360); é "um sacrifício de louvor por meio do qual a Igreja canta a glória de Deus" (n. 1.361); "o banquete sagrado da comunhão do corpo e do sangue do Senhor... orientado para a união íntima dos fiéis com Cristo pela comunhão" (n. 1.382); "O altar, em torno do qual a Igreja está reunida na celebração da Eucaristia, representa os dois aspectos de um mesmo mistério: o altar do sacrifício e a mesa do Senhor" (n. 1.383).

O conceito de memorial

Retoma-se o conceito bíblico de memorial. João Paulo II afirma: "Quando a Igreja celebra a Eucaristia, memorial da morte e ressurreição de seu Senhor, esse acontecimento central de salvação torna-se realmente presente e realiza-se também a obra da nossa redenção. Esse sacrifício é tão decisivo para a salvação do gênero humano que Jesus Cristo o realizou e só voltou ao Pai

---

2 Cf. ALDAZÁBAL, J. *Eucaristia*. Petrópolis: Vozes, 2002, p. 215.

depois de ter-nos deixado o meio para dele participarmos como se tivéssemos estado presentes. Assim, cada fiel pode tomar parte nela, alimentando-se de seus frutos inexauríveis. Esta é a fé que as gerações cristãs viveram ao longo dos séculos e que o magistério da Igreja tem reafirmado continuamente com jubilosa gratidão por um dom tão inestimável"[3].

Ao anúncio de que a celebração da Eucaristia é, por excelência, o mistério da fé, aclamamos: Anunciamos, Senhor, a vossa morte e proclamamos a vossa ressurreição. Vinde, Senhor Jesus! "Fazemos memória da sua paixão que nos salva, da sua gloriosa ressurreição, da sua ascensão ao céu, enquanto esperamos a sua nova vinda" (Oração Eucarística III).

O Concílio Vaticano II estabeleceu que os textos e ritos fossem ordenados de modo que exprimam mais claramente as realidades sagradas que significam; depois, que o Ordinário da Missa seja revisto para manifestar melhor o sentido de cada uma de suas partes e a conexão entre elas, bem como para facilitar a participação piedosa e ativa dos fiéis; que se prepare para os fiéis uma mesa mais abundante da Palavra de Deus, abrindo-lhes largamente os tesouros bíblicos; enfim, que se elabore o novo rito da concelebração a ser inserido no Pontifical e no Missal Romano[4].

Jesus havia recomendado na Última Ceia: "Fazei isto em memória de mim" (Lc 22,19), o que foi lembrado por Paulo (1Cor 11,24-25). O nome de memorial – em hebraico *zikkaron*, em grego *anamnesis* – foi o primeiro adotado pelas comunidades cristãs para definir a Eucaristia. O memorial não é entendido pela Igreja como mera recordação subjetiva ou um aniversário. Ele é recordação eficaz, celebração que atualiza o que recorda: ou seja, é um "sacramento" do acontecimento passado. Para os cristãos, o memorial da morte de Cristo, agora ressuscitado, atualiza e comunica, em cada celebração, a força salvadora do acontecimento da cruz.

---

3 Cf. JOÃO PAULO II. *Ecclesia de Eucharistia*, n. 11.
4 Cf. PAULO VI. *Constituição Apostólica Missale Romanum*, 3 de abril de 1969.

Além disso, o memorial visa também ao futuro: em certo sentido, o adianta e o garante. Em cada missa, ao comer o pão e o vinho, que são o corpo de Cristo (presente), proclama-se a morte do Senhor (passado) até que ele venha (futuro).

Os termos latinos *commemoratio*, *memoriale* e *memoria* foram traduzidos pela Igreja primitiva, pelos padres da Igreja e pelo Sacramentário Veronense como memória ou *anamnese*. No século XII, a missa era compreendida como uma repetição dramática de um acontecimento histórico-salvífico, sobretudo da paixão, morte e ressurreição de Cristo[5]. Na oração eucarística romana a fórmula pós-consecratória – *unde et memores* – une a memória – *anamnese* – ao oferecimento. Ambos derivam de uma ordem do Senhor: Fazei isto em memória de mim (Lc 22,20). É assim que são Paulo descreve a Eucaristia (cf. 1Cor 11,26). No entanto, tanto a memória quanto o sacrifício devem ser realizados de modo memorial[6].

O conceito memorial não foi devidamente explicitado pela Escolástica[7]. Retomado, em parte, pelos reformadores, não encontrou eco no Concílio de Trento nem na teologia pós-tridentina. O movimento litúrgico, particularmente a partir de Odo Casel, haverá de retomá-lo em sua profundidade bíblico-teológica, sendo posteriormente reassumido pelos documentos do magistério, sobretudo por Pio XII e pelo Concílio Vaticano II.

Relação palavra-sacramento

O Concílio Vaticano II ressalta a importância da Palavra de Deus como elemento fundante da assembleia litúrgica: "A palavra assume pleno sentido quando proclamada na Igreja, com o povo de Deus reunido, que celebra o mistério redentor de Cristo. O anúncio da palavra pressupõe uma comunidade. O próprio Cristo

---

5 Cf. JUNGMANN, J.A. *Missarum Sollemnia*. São Paulo: Paulus, 2009, p. 125.
6 Ibidem, p. 676-677.
7 Cf. VAGAGGINI, C. *O sentido teológico da liturgia*. São Paulo: Loyola, 2009, p. 514ss.

fala a seu povo" (cf. SC 7). E enfatiza: "É necessário desenvolver aquele suave e vivo amor pela Sagrada Escritura de que dá testemunho a venerável tradição dos ritos, quer orientais, quer ocidentais" (SC 24). A liturgia da palavra e a liturgia eucarística estão tão intimamente unidas que formam um único ato de culto (SC 56). A constituição dogmática sobre a revelação divina observa: "A Igreja sempre venerou as divinas Escrituras, como também o próprio corpo do Senhor; sobretudo na sagrada liturgia, nunca deixou de tomar e distribuir aos fiéis, da mesa tanto da Palavra de Deus como do corpo de Cristo, o pão da vida" (DV 21).

A relação entre a Palavra de Deus e a liturgia põe em evidência três dimensões: a) a liturgia exige a leitura da Sagrada Escritura não apenas como edificação para os fiéis, mas porque é componente indispensável da liturgia cristã; b) a liturgia é sempre revelação em ato, enquanto constitui o momento em que a Palavra de Deus se faz carne e habita entre nós; c) a liturgia interpreta a Sagrada Escritura na vida da Igreja[8]. A liturgia da palavra proclama a história da salvação operada por Deus. A Eucaristia, memorial ativo do mistério pascal de Cristo, realiza de outro modo, sacramentalmente, essa mesma história da salvação[9].

A Introdução Geral sobre o Missal Romano faz referência, com frequência, ao lugar de destaque que a palavra deve ocupar na celebração litúrgica: "Quando se leem as Sagradas Escrituras na Igreja, o próprio Deus fala a seu povo, e Cristo, presente em sua palavra, anuncia o Evangelho" (n. 29). Na liturgia da palavra, enfatiza, "Deus fala a seu povo, revela o mistério da redenção e da salvação e oferece alimento espiritual; e o próprio Cristo, por sua palavra, se acha presente no meio dos fiéis" (n. 55).

"No diálogo salvífico que acontece na liturgia, um lugar particularmente importante corresponde à Palavra de Deus."[10]

---

8 Cf. FLORES, J.J. *Introdução à teologia litúrgica*. São Paulo: Paulinas, 2006, p. 337.
9 ALDAZÁBAL, J. *A Eucaristia*. Petrópolis: Vozes, 2002, p. 408.
10 Cf. CASTELLANO, J. *Liturgia e vida espiritual*. São Paulo: Paulinas, 2008, p. 283.

Constitui o primeiro e mais importante meio de comunhão entre Deus e seu povo. Na liturgia não temos somente uma leitura histórica da salvação, mas uma atualização dela e uma presença do mistério salvífico para todos os crentes. A palavra revela, explica e conquista. O sacramento realiza e atualiza.

A revelação e, portanto, sua atualização na Igreja pela proclamação da palavra, já são uma liturgia e, por parte de Deus, um movimento de comunhão para o homem, um início de santificação; quem escuta já é convidado para a salvação e participa da aliança, posto que Deus fala aos seus como a amigos (cf. DV 2)[11]. A íntima relação entre palavra e sacrifício é clara especialmente na Última Ceia. Enquanto Jesus explica seu sacrifício como obediência à palavra do Pai, prepara seus discípulos para o banquete eucarístico com ensinamentos que exigem atitudes sacrificais[12]. Cristo, palavra encarnada, é em sua vida resposta viva à Palavra de Deus.

"A liturgia da palavra cria o ambiente de fé para a Eucaristia, que é sacramento da fé. A assembleia primeiro acolhe Cristo como a palavra, comunga com ele, para depois celebrar a memória sacramental de sua morte salvadora. A palavra já inicia o clima de comunhão sacrifical com a adesão a Deus, que fala hoje e aqui por meio de Cristo. Já a Eucaristia continuará sendo proclamação, memória e acolhimento de fé, e se converterá em palavra eficaz de Cristo e de sua Igreja no gesto sacramental."[13] Pela palavra que se faz carne (Jo 1,14), toda a carne é chamada a se tornar palavra de louvor a Deus (Hb 13,15), em um culto espiritual (Rm 12,1). Essa obra da palavra eficaz (Hb 4,12) realiza-se para todo crente, por toda sua vida.

Por fim, propomos uma visão ecumênica da relação entre palavra e sacramento. O texto é de G. Gasmann: "Dos enunciados

---

11 Cf. CASTELLANO, J., op. cit., p. 298.
12 Cf. AUGÉ, M. *Liturgia:* história, celebração, teologia, espiritualidade. São Paulo: Ave-Maria, 1998, p. 137.
13 Cf. ALDAZÁBAL, J. *A Eucaristia.* Petrópolis: Vozes, 2002, p. 408.

das confissões luteranas, podemos deduzir que a Palavra de Deus é irrevogavelmente a categoria central e a que define a realidade e a eficácia dos sacramentos, bem como sua interpretação. A Palavra de Deus, geralmente em forma das palavras da instituição, transforma uma ação e um sacramento, e alguns elementos naturais, em sinais da salvação do homem. No sacramento, a palavra e o elemento são instrumentos da graça, e não apenas a palavra. No sacramento, a Palavra de Deus se torna palavra de promessa e de segurança da salvação gratuita do pecador, dada aos fiéis na forma audível, visível, tangível e corporal"[14].

Os protagonistas do mistério eucarístico

A Constituição Litúrgica afirma: "Disso se segue que toda a celebração litúrgica, como obra de Cristo sacerdote e de seu corpo, que é a Igreja, é uma ação sagrada por excelência, cuja eficácia, no mesmo título e grau, não é igualada por nenhuma outra ação da Igreja" (SC 7). A liturgia é simultaneamente, em grau diverso, uma ação de Cristo, do Espírito Santo e da Igreja, da comunidade eclesial. Constitui uma ação de todo o corpo místico de Cristo: cabeça e membros. Há um tríplice significado da palavra Igreja: Igreja universal, Igreja local e Igreja particular.

A assembleia do povo de Deus é, pois, um elemento essencial na celebração litúrgica, por ser uma raça escolhida, um sacerdócio régio, uma nação santa, um povo adquirido para Deus (1Pd 2,9). "Uma assembleia litúrgica será tanto mais perfeita quanto melhor conseguir realizar em si mesma, no nível espiritual, existencial, e no nível hierárquico constitutivo, o mistério da Igreja."[15]

A Constituição *Sacrosanctum Concilium* recorda, com frequência, a presença do povo de Deus nas assembleias litúrgicas (SC 6;

---

[14] Cf. GASMANN, G. In: BROUARD, M. (Org.). *Eucharistia:* Enciclopédia da Eucaristia. São Paulo: Paulus, 2006, p. 871.
[15] Cf. CASTELLANO, J. *Liturgia e vida espiritual*. São Paulo: Paulinas, 2008, p. 222.

7; 14; 26-27). A Constituição Dogmática *Lumen Gentium* dedica longo parágrafo a essa reflexão: "Esta Igreja de Cristo está verdadeiramente presente em todas as legítimas assembleias locais de fiéis, que, unidas aos seus pastores, recebem, elas também, no Novo Testamento, o nome de igrejas. São, em cada território, o povo novo, chamado por Deus no Espírito Santo e em grande plenitude (cf. 1Ts 1,5). Em cada comunidade reunida em volta do altar, sob o ministério sagrado do bispo, é oferecido o símbolo daquela caridade e daquela unidade do corpo místico sem a qual não pode haver salvação. Nessas comunidades, por mais reduzidas, pobres e dispersas que sejam, Cristo está presente, e, em função dele, congrega-se a Igreja una, santa, católica e apostólica" (LG 26).

A assembleia litúrgica cristã encerra uma série de características que revelam sua identidade eclesial.

Primeiramente, o sinal de estar juntos, não apenas sociologicamente, mas sobretudo religiosamente. Não significa uma coincidência, mas demonstra uma realidade intencional. É uma reunião sagrada, onde se evidencia a fé em Jesus Cristo e em seu mistério pascal. Constitui, pois, sinal do povo da aliança com o Pai, em Cristo, no amor do Espírito Santo.

Em segundo lugar, persiste uma dimensão de mistério, uma vez que se realiza sacramentalmente o memorial da nova e eterna aliança celebrada por Cristo e entregue por ele à sua Igreja (Lc 22,19; SC 7). Cristo não só preside a celebração litúrgica: ele é o princípio fundamental e fundante de toda a celebração. Há, pois, uma tensão entre Cristo sacramentalmente presente e sua presença gloriosa, fazendo que todas as coisas permaneçam novas (Ap 21,5).

A assembleia litúrgica tem, ainda, uma dimensão universal e local. "A assembleia litúrgica, afirma Castellano, especialmente a celebração eucarística, é a mais verdadeira expressão da Igreja no nível de sinal e realização. No nível de sinal, a assembleia litúrgica evoca a realidade da Igreja como assembleia convocada pela palavra, corpo e esposa de Cristo, templo do espírito, família de Deus etc., na unidade da participação. No nível de realidade, a plenitude do ser Igreja é experimentada na liturgia"[16].

A Igreja não pode, portanto, fechar-se em si mesma ou considerar-se autossuficiente. Todo fechamento é negação à vida. A assembleia litúrgica estará aberta não só aos que acreditam, mas também aos que têm dificuldades na vivência da fé. Na Igreja, todos devem tender à perfeição (LG 39) e todos os fiéis são chamados à santidade (LG 40; 1Pd 2,9; Ef 5,25-26; Cl 1,12-13). A fé expressa nossa resposta à proposta salvadora de Deus. Não é algo exterior ao sacramento, mas parte constitutiva dele. Fé e sacramento se exigem mutuamente. A fé cristã manifesta-se, pois, em vários aspectos. Deverá ser uma expressão da fé batismal, que se expressa no ato de celebrar, vivida eclesialmente como expressão da adesão pessoal a Cristo. Somos um povo santo e pecador, trigo e joio (Mt 13,24-30).

A assembleia litúrgica deve acolher igualmente a todos, respeitando a diversidade de dons, carismas e ministérios, sem acepção de pessoas (Tg 2,9). A assembleia reunida forma um corpo hierárquico e carismático (rico em carismas). Gelineau observa com propriedade: "Há, pois, uma estrutura sacramental na assembleia com um aspecto visível que exprime o aspecto invisível. A pessoa daquele que preside (bispo, presbítero) é como a cabeça de Cristo, cujos membros são constituídos pelo povo reunido. Essa estrutura é como que bipolar: de um lado, a presidência, sinal pessoal do Senhor e sacerdote; de outro, o povo, sinal da Igreja, a exercer seu sacerdócio batismal"[17].

Nessa comunidade de pessoas que celebram o mistério de Cristo, há um caráter histórico-local e uma dimensão escatológica. "É preciso captar todo o sentido humano da assembleia para comprovar como o mistério da Igreja celebrante se expressa em diversidades acidentais, sem dar a essas particularidades um peso

---
16 Cf. CASTELLANO, J., op. cit., p. 230-231.
17 Cf. GELINEAU, J. *Em vossas assembleias*. São Paulo: Paulinas, 1975, p. 65.

tão grande que seja em detrimento do sentido da vida teologal dos participantes e da realidade teológica da única liturgia eclesial"[18].

A celebração eucarística é, por excelência, o exercício do sacerdócio do povo de Deus, povo, todo ele, sacerdotal (1Pd 2,9). O povo de Deus, na unidade do sacerdócio de Cristo e na diversidade de funções, ministérios e carismas eclesiais, celebra o memorial da paixão, morte e ressurreição de Cristo. "O sacerdócio comum dos fiéis e o sacerdócio ministerial ou hierárquico, apesar de diferirem entre si essencialmente e não apenas em grau, ordenam-se um para o outro; de fato, ambos participam, cada qual a seu modo, do sacerdócio único de Cristo" (LG 10).

O *Catecismo da Igreja Católica* ensina que a liturgia é a ação do Cristo total – *Christus totus* – (n. 1136). Lembra, ainda, que é a comunidade, corpo de Cristo-cabeça, que celebra. "Por isso, as ações litúrgicas não são ações privadas, mas celebrações da Igreja, que é o sacramento da unidade, isto é, o povo santo, unido e ordenado sob a direção dos bispos" (n. 1140). Mais adiante, confirma que a assembleia que celebra é a comunidade dos batizados (n. 1141). A assembleia inteira é o liturgo, cada um segundo a sua função, sempre na unidade do Espírito (n. 1144).

A assembleia litúrgica, reunida aqui e agora, une-se à Igreja da glória e com ela celebra o mistério de Cristo (Ap 11,17-18; 12,10-12). "Com toda a milícia do exército celeste entoamos um hino de glória ao Senhor, e, venerando a memória dos santos, esperamos fazer parte da sociedade deles; esperamos pelo salvador, nosso Senhor Jesus Cristo, até que ele, nossa vida, se manifeste, e nós aparecermos com ele na glória" (SC 8).

Castellano afirma: "É uma comunidade de batizados que vive, de modo especial neste momento, o sacerdócio profético e real, que é o de Cristo, único sacerdote, participado por todos os membros de seu corpo. Esse sacerdócio comum ou batismal

---

18 Cf. CASTELLANO, J., op. cit., p. 228.

fundamenta o direito e o dever, mas antes de tudo, o dom grande e imerecido por nossa parte, de uma plena, consciente e ativa participação nas celebrações litúrgicas"[19].

Evidentemente, não se pode deixar de pôr em evidência a ação transformadora do Espírito Santo, tanto na assembleia como na celebração litúrgica. É ele que atualiza o mistério da redenção (CIC 1112), é memória viva da Igreja (CIC 1099). "A liturgia é o culto do Espírito de Jesus Cristo. Proclama-se a Sagrada Escritura na Igreja para deixar-nos vivificar pelo Espírito Santo, mediante a palavra viva de Deus. Celebram-se igualmente os ritos do culto cristão para professar nossa fé no mistério pascal de Jesus Cristo e para vivenciar as maravilhas do Espírito de Deus em meio a seu povo. Chegamos, assim, à realidade espiritual, espontânea e experencial do culto litúrgico."[20]

---

19 Ibidem, p. 236.
20 Cf. SPERA, J. C.; RUSSO, R. In: CELAM. *Manual de liturgia*. V. 1. São Paulo: Paulus, 2004, p. 126.

Capítulo X

Os sacramentos

A Constituição Litúrgica afirma que os sacramentos destinam-se à santificação dos homens, para a edificação do corpo de Cristo e, enfim, para prestar culto a Deus. Não só supõem a fé, mas também a alimentam, fortificam e exprimem. Conferem a graça e dispõem os fiéis à frutuosa recepção da mesma graça (SC 59). Além disso, a Igreja instituiu os sacramentais como sinais sagrados; por meio deles, à imitação dos sacramentos, são representados efeitos, principalmente espirituais, que se obtêm pela oração da Igreja (SC 60). Ambos, sacramentos e sacramentais, são fruto do mistério pascal de Cristo (SC 61).

Em seguida, a constituição comenta a necessidade de adaptações como exigência dos novos tempos (SC 62), abordando alguns temas pontuais: o problema da língua latina; a necessidade da restauração do catecumenato dos adultos; a revisão dos ritos dos diversos sacramentos; o novo enfoque para os sacramentais; a revisão do rito da consagração das virgens e dos ritos fúnebres (SC 62-81).

A natureza dos sacramentos

Os sacramentos são como o coração da liturgia; constituem atos de culto a Deus em prol da santificação dos homens. Por essa razão, são instituídos por Cristo (cf. CIC 1210). Essa afirmação abre uma série de interrogações: quais foram as razões que levaram o Concílio Vaticano II a propor uma nova ordem sacramental? O que se entende por sacramento? Ele é realidade exclusivamente cristã? O que significa instituir um sacramento? Em que consiste a instituição por parte de Cristo? Por que existem sete sacramentos? Qual é a relação entre sacramento e liberdade humana, sacramento e fé?

A reflexão teológica pós-conciliar propõe várias razões para estabelecer uma nova ordem sacramental: o novo modo de relacionar-se com Deus com base na história e na vida do homem de hoje; a renovação da cristologia e suas novas dimensões; a ação do Espírito Santo como agente do mistério de Cristo; a nova eclesiologia proposta pelo Concílio; a dimensão escatológica dos sacramentos; a renovação das ciências antropológicas; as mudanças socioculturais; o novo enfoque pastoral[1].

Para considerar os sacramentos em sua ambientação tipicamente cristã, é preciso levar em consideração sua realidade antes do evento cristão, quer nas religiões dos diferentes povos, quer no contexto do Antigo Testamento. Há uma pré-história dos sacramentos, prefigurados nos sinais sagrados das religiões primitivas e nos ritos sagrados da religião judaica[2].

Antes de analisar os sacramentos como sinais de Cristo, é necessário pôr em evidência Cristo como o sinal enviado pelo Pai (Is 7,11-14; Lc 2,10-12). "Entre os sinais-realidade do NT, o primeiro e fundamental é o de Cristo em si mesmo, como sacramento da realidade eterna que é a relação do amor de Deus ao ser humano"[3]. Jesus proclama-se sinal de Deus (Jo 6,28), Paulo fala do valor do sinal Cristo como sacramento (Cl 1,27; Ef 3,3.9), como mistério (Cl 1,26; 2,2; Ef 3,4). Por meio do sinal Cristo devemos entender os sinais de Cristo.

Cristo é, pois, o sacramento original, por ser de Filho de Deus encarnado ("O Verbo se fez carne", Jo 1,14); por sua ação messiânica, seus gestos e atitudes, seu poder salvador ("Quem

---

1 Cf. BOROBIO, D. *A celebração na Igreja*. V. 1. São Paulo: Loyola, 1990, p. 288-290.
2 Cf. MARSILI, S. *Sinais do mistério de Cristo*. São Paulo: Paulinas, 2010, p. 26ss.
3 Ibidem, p. 56.

me viu, viu o Pai", Jo 14,9); por seus atos privilegiados em favor dos homens ("Pois bem, para que saibais que o Filho do Homem tem poder na terra de perdoar pecados – disse então ao paralítico: 'Levanta-te, toma o teu leito, e vai para casa'" Mt 9,6). "A derivação de todas as obras-sinais do sinal-obra da máxima salvação que é Cristo deve ser tomada em sentido concreto: os sinais – ou seja, os sacramentos – são concretizações parciais da realidade essencial, única e unitária, que é a vontade de salvação existente no Pai e realizada em Cristo, isto é, o Amor infinito de Deus pelo ser humano. Deus tanto amou o mundo, que lhe deu seu Filho único (Jo 3,16)"[4]. Os sacramentos têm, portanto, relação direta com a Páscoa de Cristo.

Cristo, sacramento original de salvação, continua presente e atua em sua Igreja, mediante a ação contínua de seu Espírito. A principal função da Igreja é continuar celebrando no tempo a salvação escatológica de Cristo. Assim, a Igreja com seus sacramentos será o prolongamento terrestre do corpo do Senhor, o primeiro sacramento, o sacramento original.

A Igreja é, assim, o sacramento principal, histórico, da salvação de Cristo, por seu mistério, porque nela habita o Espírito do Senhor Jesus (1Cor 3,16), porque manifesta a presença do Reino de Deus (Lc 12,32; Mc 4,26-29). Tanto nos padres da Igreja, como na liturgia e na teologia escolástica, ela é considerada admirável sacramento. Prefigurada no Antigo Testamento, é comparada, pelo Concílio, com figuras relacionadas ao Reino de Deus: redil, lavoura, campo de Deus, construção, templo santo, Jerusalém celeste (cf. LG 6). A Igreja é sacramento por si só, por sua realidade de mistério (Ef 1,13-14), por suas atuações (At 1,8), por seus sinais privilegiados (Mt 28,19-20).

Ampliando o termo sacramento, podemos ainda falar na dimensão sacramental existencial do homem, como criatura de

---

4 Ibidem, p. 88.

Deus, e do cristão, por sua filiação adotiva. De fato, todo homem é sinal-sacramento de Deus e de Cristo, assim como o cristão é sinal--sacramento de Cristo e da Igreja, como também se pode estabelecer uma relação sacramental com a realidade criatural-cósmica.

A instituição dos sacramentos

Santo Tomás de Aquino define instituição como o fato de agregar a coisas sensíveis o poder de significar e produzir a graça[5]. O Concílio de Trento definiu que Cristo é o instituidor de todos os sacramentos. Segundo os teólogos posteriores a Trento, essa definição deve ser entendida no sentido de uma instituição imediata por parte de Cristo, embora não particularizada, mas também não genérica e, sim, específica. O *Catecismo da Igreja Católica* resume a doutrina tradicional: "Fiéis à doutrina das Sagradas Escrituras e às tradições apostólicas [...] e ao sentimento unânime dos padres, professamos que os sacramentos da nova lei foram todos instituídos por Nosso Senhor Jesus Cristo" (CIC 1114).

Não se trata, portanto, de procurar nas palavras de Jesus possíveis ordens que justifiquem ser ele o fundador e o fundamento, aquele que, em última análise, instituiu os sacramentos. A intenção de Jesus não está em criar ritos novos, nem em determinar pormenores de seus componentes, mas, sim, em assumir ritos que já existem na revelação da antiga aliança, dando-lhes novo sentido e eficácia, deixando à Igreja apostólica, em um primeiro momento, e, posteriormente, à Igreja como tal, a tarefa de desenvolvê-los. Se a Igreja apostólica assume determinados ritos – os sacramentos – como portadores de uma intenção especial de Cristo em relação à salvação – eficácia –, para nós é suficiente: podemos aceitá-los como instituídos por ele. Cristo realiza o que é realmente essencial: a eficácia salvífica. O restante, a seu modo, é relativo.

---

5 Cf. TOMÁS DE AQUINO. *Summa Theologica*, q. 64, a.2 no sed contra.

Em relação à diversidade dos sacramentos, a teologia propõe três princípios fundadores⁶. O primeiro é cristológico: Jesus se encarnou para compartilhar do ser humano em suas situações decisivas e concretas. Nele, as situações humanas se transformam em situações soteriológicas, em momentos salvíficos de referência. O segundo princípio é eclesiológico: a Igreja, cuja missão é prolongar a obra salvadora de Cristo no mundo, realiza essa missão assumindo e santificando essas situações do mundo e da vida humana. O terceiro princípio é antropológico: na diversidade de situações humano-existenciais da vida se encontra um princípio fundador da diversidade dos sinais sacramentais.

Septenário sacramental

Quanto ao septenário sacramental, é preciso recordar alguns elementos histórico-teológicos.

Historicamente, a formulação do septenário sacramental é resultado de uma determinação histórica da Igreja. Nos onze primeiros séculos, sacramento tinha um sentido amplo. Os escolásticos, diante da necessidade de distinguir entre sacramentos da antiga aliança e da nova aliança, bem como da urgência de estabelecer a distinção entre sacramentos e sacramentais, entraram decisivamente nessa questão. A razão mais importante talvez tenha sido a aplicação aos sacramentos do simbolismo dos números. O número sete significava universalidade, plenitude, perfeição: alusão aos dons do Espírito Santo.

Doutrinalmente, o Papa Inocêncio III, em 1208, na "profissão de fé" que impõe aos valdenses, é o primeiro a falar em sete sacramentos. O Concílio de Lyon, em 1274, afirma claramente que os sacramentos são sete. O Concílio de Florença, em 1439, segue a mesma doutrina. Em resposta às posições dos reformadores, o

---

6 Cf. BOROBIO, D., op. cit., p. 350 ss.

Concílio de Trento define o septenário sacramental, embora não se possa falar em interpretação exclusivamente numérica, mas, antes, em fixação numérica com o objetivo de manter o horizonte qualitativo simbólico da totalidade sacramental. Os teólogos do Vaticano II afirmam não se tratar de uma definição ao número aritmético sete, mas que, de fato, são esses sete sinais sacramentais os que têm a eficácia salvadora. Portanto, segundo alguns autores, o número sete aplicado aos sacramentos não é considerado absolutamente definido pela Igreja.

Teologicamente, para os que se posicionam a favor da interpretação simbólica, como a de J. Dournes, o septenário sacramental significa o influxo do único Espírito sobre a totalidade da existência; sete simboliza, assim, a plenitude do dom divino que se entrega à totalidade do mundo criado. É o número da economia da graça. Y. Congar, por sua vez, recordando as denominações "sacramentos maiores e menores" dos padres da Igreja, afirma que a Igreja sempre admitiu um conceito análogo e não unívoco a esse respeito[7].

---

7   Ibidem, p. 358 ss.

Capítulo XI

Os sacramentais

"A santa mãe Igreja instituiu os sacramentais, que são sinais sagrados pelos quais, à imitação dos sacramentos, são significados efeitos principalmente espirituais, obtidos pela impetração da Igreja. Pelos sacramentais os homens se dispõem a receber o efeito principal dos sacramentos e são santificadas as diversas circunstâncias da vida" (CIC 1667).

A Introdução Geral do Ritual das Bênçãos na tradução autorizada para o Brasil, em 1989, contempla cinco itens: 1. A bênção na história da salvação. 2. As bênçãos na vida da Igreja. 3. Ofícios e ministérios. 4. Celebração da bênção. 5. Adaptações que competem às conferências episcopais[1].

A bênção na Sagrada Escritura

No pensamento e na vida do povo de Israel, a bênção exerce função extremamente importante. Ela tem esse sentido profundo pelo fato de estar, assim como a aliança, inserida na história da salvação e culminar em Cristo – a bênção do Pai, por excelência –, à humanidade. Segundo a tradição Javista, Deus diz a Abraão: "Farei de ti uma grande nação; eu te abençoarei e exaltarei o teu nome e tu serás uma fonte de bênçãos. Abençoarei aqueles que te

---

1 A síntese que segue foi formulada com base em DOUGHI, A. Sacramentais. In: *Dicionário de Liturgia*. São Paulo: Paulinas,1992, p. 1045-1058.

abençoarem, e amaldiçoarei aqueles que te amaldiçoarem; todas as famílias da terra serão benditas em ti" (Gn 12,2-3).

Expressões de bênçãos encontram-se também nos livros proféticos, sapienciais e nos deuterocanônicos. A bênção divina pode, também, ser concedida com a mediação do homem (Gn 14,19-20; Gn 24,60; Gn 27 e 49 etc.). A bênção está ligada ao louvor a Deus (Sl 20,6) por toda a obra da criação. Frequentemente ela está acompanhada pela posse dos bens materiais (Gn 12,2.7.16; 13,1-2; 49, 22-26).

A bênção não constitui elemento dominante do Novo Testamento; Cristo torna-se a personalização da bênção de Deus. Jesus abençoa as crianças (Mc 10,16), cura os cegos (Mt 14,19), abençoa o pão na Última Ceia, por ocasião da instituição da Eucaristia (Mt 26,26). Pedro anuncia que, em Jesus – a descendência de Abraão –, serão abençoadas todas as famílias da terra (At 3,25). Após a ressurreição, ao dar as últimas instruções aos apóstolos, Jesus os abençoa: "Depois os levou para Betânia e, levantando as mãos, os abençoou" (Lc 24,50).

A Igreja apostólica segue a prática de Jesus. Em Paulo, encontramos o texto intitulado Hino à bênção de Deus (Ef 1,3-14). A bênção está ligada ao louvor a Deus (2Cor 1,3; Rm 1,25; 9,5; 2Cor 11,33). No livro do Apocalipse, o Cordeiro imolado e glorificado recebe todo o louvor e ação de graças (Ap 4,11; 5,9; 10,12).

Síntese doutrinal

A evolução histórica da teologia dos sacramentais permite destacar alguns elementos doutrinais comumente aceitos.

Na categoria de sacramentais encontra-se uma grande variedade de ritos, diferentes entre si, instituídos pela Igreja. Normalmente são relacionados em duas categorias: a) sacramentais-coisas (água, velas, cinza, ramos); b) sacramentais-ações (profissão religiosa, bênção do abade, bênção de crianças e doentes, consagração das virgens, dedicação de igrejas etc.).

Os sacramentais consistem, em primeiro lugar, em uma oração de impetração que a Igreja dirige a Deus, e, em segundo lugar, mediante essa oração da Igreja, em uma santificação. Eles revelam a fé e o desvelo da Igreja para com os fiéis. Por meio deles a fé é preservada do excesso de espiritualismo. Santificam as realidades concretas da vida cotidiana.

Os sacramentais estão intimamente ligados à celebração dos sacramentos, sobretudo à Eucaristia. Sob certo aspecto, podem ser vistos como preparação e, sob outros, como prolongamento dos sacramentos, colocando a serviço de Deus todo o mundo terreno como oferta ao Criador.

Enquanto os sacramentos foram instituídos por Cristo, os sacramentais são propostos pela Igreja. Outro aspecto que diferencia os sacramentos dos sacramentais está relacionado à sua eficácia, tradicionalmente expressa pelas fórmulas *ex opere operato* (sacramentos) e *ex opere operantes ecclesiae* (sacramentais). No sacramento, a força do sinal não depende da condição moral dos que o celebram, mas constitui uma representação objetiva e imediata do mistério pascal de Cristo. Nos sacramentais, os efeitos do mistério pascal são concedidos por Deus mediante a impetração da Igreja. A eficácia dos sacramentais tem efeito pleno no espiritual, com reflexo no material.

Em relação aos efeitos, os sacramentos santificam os momentos fundantes da vida humana: nascimento, crescimento, alimentação, doença, queda e soerguimento, constituição da família e presidência da comunidade eclesial. No caso dos sacramentais, pela intervenção da Igreja que ora, vivem as realidades do dia a dia na perspectiva da consumação do Reino. Quanto ao número, de acordo com a doutrina tridentina, os sacramentos são sete (DS 1601); os sacramentais, por sua vez, não têm limites. Em termos de celebração, na origem dos sacramentais está o mistério de Cristo. A finalidade do ato celebrativo é a de cristificar o homem, a comunidade e o mundo, ação que procede do Pai, pelo Filho, no poder do Espírito. Dessa forma, não há espaço para magia. O homem consciente de sua situação histórica, mediante a fé e a oração de Igreja, coloca sua caminhada temporal sob a proteção da Trindade Santa.

O Concílio Vaticano II

A Constituição Litúrgica define os sacramentais como sinais sagrados. Por meio deles, à imitação dos sacramentos, são representados efeitos principalmente espirituais, que se obtêm pela oração da Igreja. Eles predispõem os fiéis para receber o efeito principal dos sacramentos e santificar o cotidiano de suas vidas (SC 60).

Em seguida, lembra que tanto os sacramentos como os sacramentais derivam do mistério pascal da paixão, morte e ressurreição de Cristo, do qual recebem sua eficácia (SC 61). A celebração dos sacramentos, por extensão dos sacramentais, é vista em relação ao testemunho de uma vida santa, na abnegação e na caridade operante (LG 10). Os fiéis leigos, por sua incorporação em Cristo pelo batismo e constituídos em povo de Deus, e por participarem a seu modo do múnus sacerdotal, profético e real de Cristo, realizam sua missão na Igreja e no mundo (LG 31; 34; GS 34; 38; 39).

Considerando as necessidades de nosso tempo, o Concílio reconhece que são necessárias adaptações, tanto nos ritos dos sacramentos como nos ritos dos sacramentais (SC 62). Assim, ressalta: Dê-se, de preferência, lugar à língua vernácula na celebração dos sacramentos e sacramentais (SC 63). Restaure-se o catecumenato dos adultos (SC 64). Promova-se revisão nos ritos batismais, levando em consideração as necessidades nas terras de missão, adaptando o rito do batismo de crianças, segundo a cultura dos povos (SC 65-70). Seja revisto o rito da confirmação, também para fazer ressaltar mais claramente a íntima união desse sacramento com toda a iniciação cristã (SC 71-72). Quanto ao sacramento da unção dos enfermos, além da mudança do nome, é fundamental uma nova impostação teológico-pastoral (SC 73-75). Deve ser feita uma revisão do rito das ordenações e do matrimônio (SC 76-78). Reveja-se também o rito da consagração das virgens e da profissão religiosa (SC 80). Na revisão dos ritos fúnebres, cuide-se para que as exéquias exprimam melhor o caráter pascal da morte cristã. Adapte-se mais o rito às condições e tradições das várias regiões, mesmo no que diz respeito à cor litúrgica (SC 81).

Em relação aos sacramentais, devem ser revistos, levando-se em conta o princípio fundamental de uma participação consciente, ativa e fácil dos fiéis, bem como as necessidades de nosso tempo (SC 79). Para que isso ocorra, é necessário analisar alguns pressupostos teológicos.

Pressupostos teológicos

A relação homem-mundo constitui um dos aspectos enfatizados pela teologia. O propósito dos sacramentais é o da nova consagração do mundo ao plano criador de Deus, por meio de uma experiência concreta do temporal. O homem se acha em contínua relação com o mundo dos homens e das coisas e com eles e por meio deles realiza sua dimensão sacerdotal cósmica. O cristão é chamado a tomar consciência de seu lugar no mundo. Para colaborar efetivamente com o desenvolvimento da comunidade cristã, é preciso participar ativamente da edificação da comunidade humana, por meio do domínio consciente da natureza, tendo em vista a construção do mundo dentro da perspectiva de sua fé: fazer do mundo a glória de Deus. Dentro desse contexto os sacramentais são inseridos teológica e pastoralmente.

A centralidade de Cristo se expressa no plano salvífico do Pai para com a humanidade. A história da humanidade e do cosmo tem, portanto, seu centro no mistério da encarnação de Cristo. O mistério do Verbo encarnado, morto, ressuscitado e que subiu ao céu é o verdadeiro sentido da história. O Cristo pascal é a expressão máxima da criação, pois nele descobrimos o sentido da existência. O próprio Deus, por meio de Cristo, realizou a reconciliação, e o universo foi reconciliado. O homem comprometido com o temporal tem necessidade de redescobrir as motivações mais profundas de seu ser e de seu agir. O cristão, com sua ação de fé, que se concretiza na confissão pública de Cristo Jesus e no consequente testemunho dado por meio da vida de ressuscitado nele, renova continuamente o mundo e o faz crescer na caridade até que atinja sua plena realização em Cristo. Os sacramentais estão a serviço dessa reconciliação de todas as coisas em Cristo.

Pelo ministério da Igreja a comunidade cristã anuncia o Cristo e comemora sua páscoa para a celebração dos sacramentais. Essa intervenção pode ser vista tanto em sua dimensão de invocação do Espírito como em sua dimensão ritual. Consideremos em primeiro lugar a ação do Espírito. O culto é simultaneamente o vir de Deus até o homem e o ir do homem até Deus em toda a amplitude de seu ser homem, em sua perspectiva de submeter tudo a Cristo e de transformar tudo nele (cf. 1Cor 3,22). A atitude de invocação nada mais é do que o emergir do Espírito presente na comunidade crente a caminho. Todas as situações, todos os sofrimentos, todas as circunstâncias vividas na pobreza do homem se traduzem em grande liturgia de invocação. O Espírito de Deus torna-a transparente para nós e, por meio dos sinais sensíveis das coisas criadas, nos ajuda a entrar em contato com as realidades eternas por ela representadas.

A invocação do Espírito deve traduzir-se em linguagem, em gestos, em ritos, para que possa ser verdadeiramente humana, já que o homem como tal não pode viver sem ritos, ainda que esteja imerso no mundo secularizado. Os sinais sacramentais são veículos do Espírito e revelam sua presença e sua atividade orientada no sentido de conformar o homem com Cristo Senhor. Por meio do "gesto sacramental", a Igreja não só exprime sua interioridade, mas ainda se manifesta como comunidade orante. O contato com os sinais sacramentais deixa de ser algo anônimo e abstrato, frio e impessoal, para tornar-se um contato pessoal com o Deus vivo, que, por Cristo e no Espírito Santo, atua na Igreja e no mundo.

Novas perspectivas

No contexto litúrgico, com base nas perspectivas do Vaticano II, o sacramental passa a ser visto dentro da celebração litúrgica. A liturgia é o culto que a Igreja, unida a Cristo, o grande liturgo da comunidade eclesial a caminho – e nela todos os seus membros – presta ao Pai. Por meio do exercício sacramental do sacerdócio de Cristo, representado pela celebração litúrgica, a Igreja conduz o homem em seu caminho de retorno em Cristo ao Pai e o faz progredir em direção a essa meta.

No contexto pascal, a celebração do sacramental revela-se de forma clara com a existência pascal que determina a vida do cristão. Este, por causa de sua experiência batismal, é contínua anamnese das obras maravilhosas de Deus e sabe que deve derramar tais riquezas no serviço que presta aos irmãos e em seu compromisso temporal.

Número dos sacramentais

O ser humano sente a necessidade de celebrar o mistério pascal em gestos sacramentais para poder viver o momento presente de modo pleno, em Cristo. Por isso, o campo dos sacramentais não é facilmente delimitável, já que é extensivo à evolução das relações mundo-homem crente. Devemos, por conseguinte, prever novas possibilidades de evolução e de formação dos sacramentais, em relação estreita com o mundo da liturgia e da vida cristã em geral. Por esse motivo, assistimos a um processo contínuo de florescimento de novos sacramentais, e, simultaneamente, ao desaparecimento de sacramentais agora em vigor, que já não correspondem ao contexto do mundo de hoje. A Igreja deverá celebrar de modo novo e em contextos novos a vocação do homem de cristificar o mundo com sacramentais novos. Por conseguinte, enquanto o número dos sacramentos é limitado a sete, o dos sacramentais evolui constantemente.

Divisão dos sacramentais

Quanto à divisão, os sacramentais foram diversamente classificados nas várias épocas da história da Igreja. Hoje, acham-se agrupados em três categorias: consagrações, bênçãos e exorcismos.

No ato da consagração, as pessoas ou as coisas são subtraídas, por livre escolha, à livre disponibilidade do homem. Por meio de sua oração, a Igreja as confia a Deus por intermédio de Cristo. Por força desse ato, as pessoas ou as coisas continuam a serviço da ação do homem, que, entretanto, quer cooperar para o cumprimento do plano de Deus em relação à humanidade. Nessa categoria podemos incluir, como já vimos, a consagração ou dedicação de uma igreja, de um altar, de um cálice, a bênção de um abade, a consagração de uma virgem, a profissão religiosa ou monástica.

As bênçãos são orações de invocação sobre coisas e pessoas com a intenção de atrair sobre elas a proteção e os benefícios divinos. Por meio de sua oração, a Igreja insere eficazmente as realidades e as pessoas, que, na qualidade de criaturas, já se encontram sob a proteção de Deus, no mistério vivo de Cristo. A bênção das coisas situa-se no contexto do bem das pessoas.

Os exorcismos, possivelmente, criam maiores dificuldades para o homem contemporâneo, por causa da problemática sobre a presença do demônio na vida da humanidade. Nos exorcismos, a Igreja, a exemplo de Jesus, pede a proteção do Pai no combate contra satanás, que interpõe obstáculos ao desenvolvimento da pessoa humana e do plano universal de salvação.

Consequências litúrgico-pastorais

O homem, desde o nascimento até a morte, é convocado a se aproximar cada vez mais de Cristo. Em certos momentos, a Igreja, que é sinal da presença de Cristo no mundo, promove na vida humana a vitalidade salvífica do próprio Cristo, por meio dos sacramentais. Mediante a celebração de determinados acontecimentos da existência, com uma simples ação, que nas circunstâncias particulares assume significado especial, tem-se a tarefa de manifestar o valor de Cristo quanto ao lugar que ele ocupa na vida da comunidade. O sacramental é o meio pelo qual a Igreja de todos os tempos e de todas as nacionalidades procura introduzir os homens no caminho de Cristo.

A celebração do sacramental, para ser autêntica, exige profunda visão de fé de que a história é dom de Deus e leva o crente a celebrar os ritos da Igreja nos quais o temporal, na gratuidade do amor pascal, adquire em Cristo seu pleno significado. A escuta da Palavra de Deus, premissa existencial e ritual do gesto simbólico, ajuda a captar até o fundo a densidade salvífica da vida cristã e da celebração sacramental. A celebração de determinado fato ou necessidade abre totalmente a situação histórica a uma visão da vida que transcende a contingência deste mundo e a coloca na trajetória do mistério pascal. Por esse motivo, este é o primeiro ato que deve caracterizar a celebração do sacramental: diante dos acontecimentos da vida, o cristão sente a necessidade de alcançar ou de renovar, pela leitura da Sagrada Escritura, o sentido cristão da história e das coisas. Sobre a tela de fundo dessa fé surge, pois, a bênção: esta nada mais é do que o irromper do louvor e da invocação da comunidade, animada pela convicção da supereminente fidelidade de Deus em seus contatos com a história dos homens.

O próprio formulário de bênção que caracteriza o sacramental só nos põe em condição de fazermos invocações concretas depois de termos escutado o relato das obras maravilhosas de Deus. Com base nisso, em profunda vitalidade teologal, a comunidade invoca sua atuação em favor da situação em que ela ou o crente se encontram. A bênção sacramental vem de Deus e impregna com sua força todas as bênçãos pronunciadas pelo homem. No ato da celebração dos sacramentais, a bênção compreende a invocação a Deus para obter de sua misericórdia o auxílio e as graças oportunas para as pessoas que a ele se consagram ou para os objetos, a fim de que sua ação, ou presença, seja sinal de salvação proveitosa para todos os que entram em contato com o mistério. Toda a vida cristã será transformada pela comunhão com o mistério da morte e da ressurreição do Senhor.

Todo sacramental, sendo essencialmente bênção de Deus, requer, antes de tudo, a ação renovadora de Deus e alguém convocado a celebrá-lo. Ele se torna a força necessária para ver cada vez melhor as maravilhas de Deus, para readquirir a confiança na sabedoria e no poder amoroso de Deus Pai, para vencer as forças do mal que agem no mundo por causa do pecado, para reanimar a esperança na vitória final e definitiva da Páscoa de Cristo. O sacramental abre decisivamente a Igreja ao seu destino escatológico: a forma de existência do mundo é transitória e insuficiente e os sacramentais são sinais da existência celeste em que o cosmo todo será luminosamente transfigurado.

Para poder captar o significado mais verdadeiro e mais profundo dos sacramentais, o crente se põe à procura do sentido do mundo e de sua relação com ele. Somente se for dotado de profunda fé e se tiver seu centro voltado para Cristo, é que o cristão poderá introduzir na história aquele dinamismo pascal que permite à humanidade correr em busca de sua plena realização. Com essa ação, ele facilita e ao mesmo tempo testemunha sua libertação no espírito de Cristo.

Capítulo XII

A Liturgia das Horas

Introdução

Louvar a Deus não é privilégio de um povo, nem mesmo do povo cristão. O homem não tem vocação terrena de abertura para Deus e para o próximo. O pecado rompe essa comunhão, que será reconquistada por Cristo em seu mistério pascal. Pela vida de oração, essa vida comunitária é restabelecida pela busca do amor, pela reconciliação com Deus e com o próximo. Toda a vida torna-se oração.

Na liturgia do Templo de Jerusalém e nas sinagogas, três temas eram permanentemente celebrados e faziam parte do grande louvor – *berakoth* – do povo de Israel: a santificação do nome do Senhor, o dom da luz e o dom da vida. "O ser humano do Antigo Testamento percebia o tempo diário como tarde e manhã. Nessa perspectiva vivia um processo de passagem das trevas para a luz, da noite para o dia, da tarde para a manhã, do deitar-se para o levantar-se. A cada manhã, a luz do sol lhe devolvia a vida. Percebia as formas, as cores, a beleza de todas as coisas. E, à tarde, rendia graças pelas graças recebidas no decurso do dia."[1]

Ao assumir a natureza humana, o Senhor introduz nesta terra o hino que eternamente se canta no céu. Desde aquele momento, ressoa no coração de Cristo o louvor divino expresso em termos

---

1 Cf. BECKHÄUSER, A. *Liturgia das horas*: teologia e espiritualidade. Petrópolis: Vozes, 2010, p. 36.

humanos de adoração, propiciação e intercessão. E tudo isso ele apresenta ao Pai como cabeça da nova humanidade, mediador entre Deus e os homens, em nome de todos, para benefício de todos. Jesus deixou-nos ainda exemplos de oração (Instrução Geral sobre a Liturgia das Horas – IGLH 3-4).

Jesus mandou que fizéssemos o que ele mesmo fez: "Orai", disse muitas vezes. "Rogai, pedi em meu nome". Deixou-nos também uma forma de rezar: a oração dominical. Insistiu na necessidade da oração, que deve ser humilde e vigilante (IGLH 5). Os apóstolos, em seus escritos, apresentam-nos fórmulas de oração. O corpo todo da Igreja participa também do sacerdócio de Cristo, de modo que os batizados, pela regeneração e unção do Espírito Santo, são consagrados como casa espiritual e sacerdócio santo, e tornam-se aptos a exercer o culto da Nova Aliança, que não provém de nossas forças, mas dos méritos e dons de Cristo (IGLH 7).

O saltério sempre foi o fundamento da oração cristã, quer individual, quer comunitária. Ele contém um resumo da Escritura Sagrada em forma de canto. Relaciona-se fundamentalmente com o mistério de Cristo e assim é celebrado na liturgia. É necessária uma iniciação litúrgica aos salmos. "Deve-se notar que, quando se afirma que os salmos devem ser vistos no horizonte da história sagrada ou do mistério de Cristo, em toda a sua extensão, com isso mesmo se reconhece que todos os salmos – assim como toda a Escritura – falam de Cristo ou, para dizê-lo com Santo Agostinho, do *Christus totus*, do Cristo cabeça de todos nós, seus membros. Por isso, todos os salmos podem e, em certo sentido, devem ser rezados como oração do *Christus totus*. Antes, Cristo os reza todos como seus e nós os rezamos todos como nossos."[2]

Retomaremos, em seguida, os princípios fundamentais que nortearam a reforma do Ofício Divino na Constituição Litúrgica

---

2 Cf. VAGAGGINI, C. *O sentido teológico da liturgia*. São Paulo: Loyola, 2009, p. 423.

Sacrosanctum Concilium, na Constituição Apostólica de Paulo VI *Laudis Canticum* e na Instrução Geral sobre a Liturgia das Horas. Posteriormente, comentaremos alguns temas fundamentais da Liturgia das Horas.

Princípios fundamentais

O Concílio Vaticano II

O Concílio fundamenta a oração da Igreja no sacerdócio único e definitivo de Jesus. Por sua paixão, morte e ressurreição, ele ofereceu o único sacrifício que realizou a perfeição definitiva daqueles que recebem a santificação, e continua, por todo o sempre, nas habitações celestes, o eterno cântico de louvor, associando a si sua Igreja (SC 83). A missão sacerdotal de Cristo é continuada pela Igreja, particularmente na celebração da Eucaristia e dos sacramentos.

Por antiga tradição da Igreja, o Ofício Divino é estruturado de tal modo que seja celebrado no curso das horas do dia e da noite. É a voz da Esposa que fala com seu Esposo (SC 84). A Liturgia das Horas é, portanto, oração de toda a Igreja, da comunidade dos discípulos de Cristo. Todos os fiéis são convocados para esse louvor permanente. Em face, porém, das novas condições da vida moderna, faz-se necessário promover adaptações na celebração do Ofício Divino, a fim de que não somente os fiéis leigos, mas também os ministros ordenados e os religiosos, possam recitar melhor as Horas e com maior proveito espiritual (SC 87).

Uma vez que a santificação do dia constitui a finalidade primeira do Ofício, deve ser flexibilizada sua celebração, a fim de que dela possam participar os fiéis e todos os que desempenham atividades pastorais (SC 88-89). A Constituição adverte: "Ao se fazer a reforma, porém, o venerável e secular tesouro do Ofício Romano seja adaptado de tal modo que mais ampla e facilmente possam usufruir dele todos aos quais for entregue" (SC 90).

Em seguida, a Constituição Litúrgica dedica breve comentário aos elementos que constituem o Ofício: salmos, leituras, hinos (SC 91-93). Lembra, ainda, o tempo e a obrigação de sua recitação (SC 94-99), a participação dos fiéis (SC 100) e a possibilidade do uso da língua vernácula (SC 101).

A Constituição Apostólica Laudis Canticum

Em 1º de novembro de 1970, festa de todos os santos, o Papa Paulo VI publica a Constituição Apostólica *Laudis Canticum*, apresentando os princípios que devem reger o texto renovado da Liturgia das Horas, como também orientações e motivações.

Foi levada em consideração a situação em que se encontram atualmente os sacerdotes dedicados ao apostolado. Sendo oração de todo o povo de Deus, o Ofício foi preparado de tal maneira que dele possam tomar parte não apenas os clérigos, mas também os religiosos e até os leigos.

A Liturgia das Horas é uma santificação do dia. Por isso, renovou-se a ordem das orações, de tal modo que as horas canônicas possam mais facilmente adaptar-se às várias horas do dia, levando em consideração as condições da vida humana nos dias atuais.

Para que na celebração do Ofício a mente concorde mais facilmente com a voz, e a Liturgia das Horas seja verdadeira fonte de piedade e alimento para a oração pessoal, reduziu-se a parte da oração estabelecida e aumentou-se a variedade dos textos e dos subsídios propostos.

O saltério se distribui em quatro semanas. Alguns salmos, ou partes deles, foram omitidos para facilitar sua compreensão. Acrescentaram-se cânticos, extraídos do Antigo e do Novo Testamento.

As perícopes das leituras foram tiradas da Sagrada Escritura para corresponderem melhor à ordem das leituras na missa.

Foram introduzidos textos dos padres da Igreja e de escritores eclesiásticos.

Retirou-se dos textos da Liturgia das Horas tudo o que não corresponde à verdade histórica.

Nas Laudes e nas Vésperas foram acrescentadas preces e a oração do Senhor.

A Constituição Apostólica insiste em que a Sagrada Escritura deve ser a fonte principal de toda a oração cristã, e que a recitação dos salmos constitui contínuo alimento para a oração mental dos cristãos.

Lembra, enfim, o mandato de celebrar a Liturgia das Horas.

Instrução geral sobre a Liturgia das Horas

Ao longo de 284 números, a Instrução consta de cinco capítulos. O primeiro lembra a importância da Liturgia das Horas ou Ofício Divino na vida da Igreja. O segundo focaliza a santificação do dia em suas diversas horas. No terceiro, são analisados os diversos elementos da Liturgia das Horas. As várias celebrações ao longo do ano litúrgico são enfatizadas no quarto capítulo. Os ritos da celebração comunitária, o exercício das funções e o canto no Ofício são analisados no quinto capítulo. Os textos dessa instrução serão oportunamente citados e comentados no transcorrer da reflexão.

Temas específicos

A oração de Cristo e da Igreja

Sumo e eterno sacerdote da Nova Aliança, por sua encarnação, Jesus Cristo trouxe para junto de nós seu eterno louvor ao Pai e a ele uniu sua Igreja e, por intermédio dela, toda a humanidade, para essa permanente louvação, sobretudo na celebração eucarística (SC 83). Assim, Cristo dá novo sentido à oração. Ele é a novidade do Pai, a revelação do Pai. Por ele, com ele e nele tudo se torna novo.

A oração ininterrupta de Cristo é continuada pela Igreja[3]. É também a oração de toda a humanidade que Cristo associa a si. Essa oração recebe sua unidade do coração de Cristo. Nosso Redentor quis, de fato, que a vida iniciada em seu corpo mortal com suas orações e seu sacrifício continuasse durante os séculos em seu corpo místico, que é a Igreja[4].

A ação de graças da Igreja tem como conteúdo a pessoa de Cristo. Ele ora, quando a Igreja ora. Desde o início da pregação evangélica, no entanto, a Igreja sente necessidade de organizar sua vida de oração, particularmente a oração comunitária. A unidade da Igreja orante é realizada pelo Espírito Santo, o mesmo que está em Cristo. O desenvolvimento dessa organização dará origem ao Ofício Divino, à Liturgia das Horas. O exemplo e o preceito do Senhor e dos apóstolos, de orar incessantemente, hão de considerar-se não como regra puramente legal, mas como um elemento que faz parte da mais íntima essência da própria Igreja, enquanto esta é uma comunidade e deve expressar, inclusive pela oração, sua natureza comunitária (IGLH 9).

A oração pública e comunitária do povo de Deus é, portanto, considerada uma das principais funções da Igreja. Daí, logo no princípio, os batizados eram assíduos ao ensino dos apóstolos, à união fraterna, à fração do pão e às orações (At 2,42). Os fiéis entregavam-se à oração individual em determinadas horas do dia, particularmente pela manhã, ao meio-dia e à tarde. No decorrer dos tempos, foram sendo santificadas outras horas do dia. Essas orações, feitas em comunidade, foram progressivamente se organizando, até que vieram a constituir um ciclo horário bem definido (IGLH 1-2).

Cristo disse: É preciso orar sempre, e nunca desistir (Lc 18,1). A Liturgia das Horas consagra todo o ciclo do dia e da noite ao Senhor. Por isso, como a santificação do dia e de toda a

---

3 Cf. LUTZ, G. *A oração dos salmos*. São Paulo: Paulinas, 1982, p. 131-152.
4 Cf. PAULO VI. *Constituição Apostólica Laudis Canticum*. 1970.

atividade humana é finalidade da Liturgia das Horas, seu curso foi de tal modo reformado que cada hora voltou o máximo possível ao seu verdadeiro momento, levando-se em conta ao mesmo tempo as condições da vida moderna (IGLH 11). A Liturgia das Horas estende pelas diversas horas do dia os louvores e as ações de graças, como também a memória dos mistérios da salvação, as petições e aquele antegozo da glória celeste, contidos no mistério eucarístico, centro e ápice de toda a vida da comunidade cristã (IGLH 12).

Por meio de sua Igreja, Cristo exerce a obra da redenção humana e a perfeita glorificação de Deus (SC 5). Na Liturgia das Horas realiza-se, portanto, a santificação do homem e presta-se culto a Deus, de tal maneira que nela se estabelece o intercâmbio ou diálogo entre Deus e os homens. Deus fala ao seu povo e o povo responde a Deus com cantos e orações (IGLH 14). Essa oração é a voz da Esposa que fala ao Esposo, também a oração que o próprio Cristo, unido a seu corpo, eleva ao Pai (IGLH 15).

A Liturgia das Horas, portanto, como as demais ações litúrgicas, não é algo particular, mas algo que pertence a todo o corpo da Igreja e o manifesta e atinge, especialmente na Igreja particular, na unidade do bispo com seus presbíteros e ministros. Isso também ocorre nas paróquias, onde os fiéis são convidados a celebrá-la, a fim de se unirem a toda a Igreja, que celebra o mistério de Cristo (IGLH 20-22). São, ainda, convocados à celebração os que receberam ordens sacras, ou foram investidos de especial missão canônica (IGLH 23). A comunidade de cônegos e monges e outros religiosos (IGLH 24) segue os mandatos particularmente (IGLH 28-32).

A Liturgia das Horas é, também, ápice e fonte da vida pastoral da Igreja. Aqueles que dela tomam parte contribuem, mediante uma misteriosa fecundidade apostólica, para o incremento do povo de Deus. Por meio dela, os fiéis expressam em sua vida o mistério de Cristo e a genuína natureza da verdadeira Igreja, revelando-os para os outros. As leituras e as preces da Liturgia das

Horas são também fonte de vida cristã, vida que se alimenta na mesa da Escritura Sagrada e nas palavras dos santos e se robustece na oração (IGLH 18).

O louvor prestado a Deus pela Igreja aqui na terra se une, enfim, ao cântico da Igreja do céu em um único hino de louvor, como uma visão escatológica que o autor do Apocalipse propõe: Para ti, o sol não será mais para luzir de dia, nem a luz da lua para iluminar a noite, mas o próprio Senhor será tua luz eterna (Ap 21,23.25).

A Liturgia das Horas celebra os grandes temas da história da salvação: criação, eleição divina, libertação, aliança, habitação de Deus, santidade, missão, julgamento divino. O homem, sob o olhar de Deus, descobre seu lugar no contexto da criação e a hierarquia dos valores de sua vida. Celebrado no âmbito da Eucaristia, o Ofício Divino, como extensão dela, eleva por Cristo, no Espírito, o louvor perfeito ao Pai, fonte de todas as bênçãos espirituais (Ef 1,3). A Igreja se une à oração sacerdotal de Jesus em favor de toda a humanidade (Jo 17).

A santificação do dia

O capítulo III da Introdução Geral sobre a Liturgia das Horas comenta o significado das diferentes horas do dia e o modo de celebrá-las corretamente. Resumiremos tão somente o sentido de cada uma das horas.

A Liturgia das Horas insere-se fundamentalmente no Dia Litúrgico, constituindo uma experiência do mistério pascal no decurso diário do tempo, capaz de evocar o mistério pascal de Cristo e de seus membros. Desse modo, a Igreja experimenta o mistério pascal de acordo com o ritmo do dia[5].

Seguindo o pedido de Cristo de orar sempre, a Igreja mantém-se em estado de oração, percorrendo o dia e mantendo-se

---

5   Cf. BECKHÄUSER, A. *Liturgia das horas:* teologia e espiritualidade. Petrópolis: Vozes, 2010, p. 42.

vigilante, celebrando, em horas determinadas, a memória do mistério de Cristo, de tal forma que, mesmo na ausência da luz, durante a noite, não desvaneça nossa relação com o Ressuscitado, pois o escuro simboliza o lado sombrio da vida humana, que só pode ser iluminado pelo evento pascal[6].

♦ INTRODUÇÃO A TODO O OFÍCIO

O Invitatório faz parte do princípio de todo o ciclo da oração diária, isto é, ou antes das Laudes ou antes do Ofício das Leituras, podendo iniciar o dia com uma dessas duas ações litúrgicas. No caso de vir antes das Laudes, pode-se omitir eventualmente o salmo com a respectiva antífona. Se convier, o salmo 94 pode ser substituído pelos salmos 99, 66 ou 23 (IGLH 25). É um convite à oração. A invocação "Abri, Senhor, os meus lábios" exprime a disponibilidade de ouvir a Deus e de fazer sua vontade.

♦ LAUDES E VÉSPERAS

As Laudes, como oração da manhã, e as Vésperas, como oração da tarde, representam, segundo uma venerável tradição da Igreja universal, os dois polos do Ofício cotidiano; por isso, devem ser consideradas horas principais e celebradas como tais (SC 89-100).

Destinam-se a santificar o tempo da manhã e, como se pode depreender de muitos de seus elementos, estão assim estruturadas. Seu caráter de oração da manhã está belamente expresso nestas palavras de S. Basílio Magno: "O louvor da manhã tem por fim consagrar a Deus os primeiros movimentos de nossa alma e de nosso espírito, de modo que não realizemos nada antes de nos alegrarmos com o pensamento de Deus, segundo o que está escrito: "Faz-me gemer a lembrança de Deus; na minha meditação, sinto o espírito desfalecer" (Sl 76,4); e ainda para que o corpo não se entregue ao trabalho antes de fazermos o que está escrito: "É a vós que eu

---

6   Cf. SANTOS COSTA, V. *Liturgia das horas*. São Paulo: Paulinas, 2005, p. 14.

invoco, Senhor, desde a manhã; escutai minha voz, porque, desde o raiar do dia, vos apresento minha súplica e espero" (Sl 5,4-5)[7].

É o louvor da Igreja pelo mistério de Cristo, sobretudo seu aspecto glorioso, a ressurreição. O hino saúda de modo poético o sol e a luz, o novo dia. A salmodia louva a criação do mundo, do ser humano e a nova criação em Cristo. Na leitura breve a Igreja propõe, mediante a escuta da Palavra, um programa de vida para o dia. O cântico evangélico – Cântico de Zacarias – canta o sol nascente para iluminar quantos jazem entre as trevas e na sombra da morte estão sentados, e para dirigir nossos passos, guiando-os no caminho da paz (Lc 1,78-79). As preces propõem um novo modo de viver de acordo com Jesus ressuscitado. Há uma manifestação do ser humano nas preces matutinas. O Pai-Nosso retoma a Oração do Senhor como um convite a entregar a própria vida pela vinda definitiva do Reino, por meio da santificação de seu nome e da realização plena de sua vontade[8].

As Vésperas celebram-se à tarde, ao declinar do dia, a fim de agradecermos tudo quanto neste dia nos foi dado e ainda o bem que nós próprios tenhamos feito. Com essa oração, que fazemos subir como incenso na presença do Senhor e na qual o erguer de nossas mãos é como o sacrifício vespertino, recordamos também a obra da redenção. E, num sentido mais sagrado, ela ainda pode evocar tanto aquele verdadeiro sacrifício vespertino que nosso Salvador confiou aos apóstolos na Última Ceia, ao inaugurar os sacrossantos mistérios da Igreja, quanto aquele sacrifício vespertino que, no dia seguinte ou no fim dos tempos, ele oferece ao Pai, erguendo as mãos para a salvação do mundo inteiro. Finalmente, no intuito de orientar nossa esperança para a luz sem crepúsculo, oramos e pedimos que sobre nós brilhe de novo a luz e imploramos a vinda de Cristo, que nos virá trazer a graça da luz eterna (IGLH 39).

---

7 Cf. IGLH 38.
8 Cf. BECKHÄUSER, A. *Liturgia das horas*: teologia e espiritualidade. Petrópolis: Vozes, 2010, p. 61-73.

As Vésperas evocam de modo especial os mistérios da dor e do sofrimento de Cristo e da Igreja na perspectiva da ressurreição. Por isso, o descanso, que chega, é motivo de louvor. O hino louva a Deus pelos benefícios recebidos durante o dia. A salmodia expressa agradecimento e louvor, juntamente com a oferta da Igreja. A leitura breve é sempre retirada de textos do Novo Testamento e lembra a redenção de Cristo. As preces imploram pelas necessidades da Igreja, lembrando seu mistério[9].

• O OFÍCIO DAS LEITURAS

O Ofício das leituras visa proporcionar ao povo, especialmente àqueles que de modo peculiar estão consagrados ao Senhor, uma meditação mais rica da Sagrada Escritura e das mais belas páginas dos autores espirituais (IGLH 55). No Rito Romano, continua a ser muito breve, por causa daqueles que se dedicam ao apostolado. No entanto, aqueles que, seguindo a tradição, desejarem prolongar mais a celebração da vigília dominical, das solenidades ou das festas poderão fazê-lo. Torna-se um modo excelente de aprofundar a meditação diária no contexto da leitura orante da palavra.

• A HORA MÉDIA

Segundo a mais antiga tradição, e a exemplo do que se fazia na Igreja apostólica, os cristãos costumavam, por devoção privada, orar em certas horas do dia, mesmo no meio do trabalho. No decorrer dos tempos, essa tradição passou a revestir diversas formas de celebração litúrgica. O uso litúrgico, tanto do Oriente como do Ocidente, conservou a Oração das Nove, das Doze e das Quinze Horas, sobretudo por estarem ligadas à memória de certos acontecimentos da Paixão do Senhor e da primeira propagação do Evangelho. O Concílio Vaticano II ordenou que, no coro, se mantivessem a Oração das Nove, das Doze e das Quinze Horas. Salvo direito particular, devem igualmente manter o uso litúrgico

---

9 Ibidem, p. 75-87.

de recitar essas três horas os que professam vida contemplativa. Aliás, é recomendado a todos, mormente àqueles que tomam parte em retiros espirituais ou em reuniões de caráter pastoral. Fora do coro, salvo o direito particular, é permitido escolher uma só dessas três horas, a mais conveniente à hora do dia, a fim de manter a tradição de orar durante o dia, no meio do trabalho (IGLH 75-77).

As Completas são a última oração do dia. Rezam-se antes de iniciar o descanso noturno, ainda que, eventualmente, já passe da meia-noite (IGLH 84).

• AS VIGÍLIAS

A vigília pascal é celebrada em toda a Igreja na forma indicada nos respectivos livros litúrgicos. S. Agostinho afirma: "A vigília desta noite é de tal grandeza, que só ela pode reivindicar como seu o nome comum dado às outras vigílias" (IGLH 70).

À semelhança da vigília pascal, introduziu-se em diversas Igrejas o costume de iniciar igualmente com uma vigília diversas solenidades. Dentre estas, destacam-se o Natal do Senhor e o Dia de Pentecostes. Esse costume deve ser conservado e promovido, segundo o uso de cada Igreja. Onde, eventualmente, convier realçar com uma vigília outras solenidades ou peregrinações, seguir-se-ão as normas das celebrações da palavra divina. Os padres e os autores espirituais exortam com muita frequência os fiéis, sobretudo os que levam vida contemplativa, à prática da oração noturna (IGLH 71-72).

• O OFÍCIO COM A MISSA

"Assim a Igreja, quando reza sem interrupção, através, sobretudo, da Eucaristia e da liturgia das horas, embora esteja no mundo, não está com o mundo, mas com Jesus, imersa na páscoa dele, preparando e aguardando aquela partida que será conclusão e síntese de todas as páscoas desta vida."[10]

---

10 Cf. SANTOS COSTA, V. *Liturgia das horas*. São Paulo: Paulinas, 2005, p. 12.

Em casos particulares, quando as circunstâncias o pedirem, na celebração pública ou comunitária, pode-se fazer uma ligação mais estreita da missa com uma Hora do Ofício, conforme as normas a seguir indicadas, contanto que a missa e a hora pertençam ao mesmo Ofício. Evitar-se-á, porém, que isso redunde em prejuízo do bem pastoral, sobretudo aos domingos (IGLH 93).

A salmodia

É nosso objetivo focalizar a dimensão bíblico-teológica dos salmos como textos privilegiados da oração da Igreja. Por isso, não serão analisados os demais elementos que acompanham a recitação dos salmos. Em relação à oração cristã, os salmos sempre foram considerados pela Igreja como fonte da espiritualidade cristã por serem prefiguração do mistério de Cristo[11]. O Espírito Santo, que inspirou os salmistas a cantá-los, não deixa nunca de assistir com sua graça aqueles que, animados de fé e boa vontade, elevam a Deus seu louvor e sua gratidão. Os salmos não são leituras nem orações em prosa, mas poemas de louvor.

As palavras dos salmos ajudam-nos muitas vezes a orar com mais facilidade e fervor, quer dando graças e glorificando a Deus, quer suplicando. Constituem, pois, um tipo de oração diferente de uma prece de composição eclesiástica. Além disso, a natureza poética e musical dos salmos não implica que se dirijam necessariamente a Deus, mas, sim, que sejam cantados na presença de Deus. Aquele que salmodia abre o coração aos sentimentos que o salmo inspira, consoante o gênero literário de cada um deles: canto de lamentação, de confiança, de ação de graças etc., gêneros a que os exegetas costumam dar justo relevo.

Cada salmo, como é sabido, foi composto em determinadas circunstâncias, a que os próprios títulos do saltério hebraico fazem alusão. Seja qual for, porém, sua origem histórica, cada salmo tem

---

11 Cf. IGLH, 101-109.

um sentido literal que, mesmo em nossos dias, não podemos menosprezar. E, embora esses poemas tenham nascido no Oriente, há muitos séculos, eles traduzem de forma adequada a dor e a esperança, a miséria e a confiança dos homens de todos os tempos e regiões; cantam sobretudo a fé em Deus, bem como a revelação e a redenção. Para entender os salmos em sua profundidade real, é preciso, pois, colocar-se primeiramente do ponto de vista de seu pensamento e procurar compreendê-los no horizonte geral do mistério da história sagrada, do mistério de Cristo[12].

As obras maravilhosas de Deus são exaltadas em todos os livros da Sagrada Escritura e particularmente cantadas nos salmos[13]. A história dessas obras pode ser vista de duplo modo: cronológico e/ou tipológico. O primeiro consiste em situá-las em relação às etapas fundamentais da revelação bíblica (criação, vocação de Abraão, Moisés etc.); o segundo, em ler essas mesmas obras de acordo com as ações de Deus ao longo da história da salvação: Deus cria, Deus chama, Deus liberta, Deus faz aliança, Deus habita, Deus santifica, Deus envia e Deus julga[14].

Os salmos apresentam o tema da criação sob uma perspectiva de louvor (Sl 32,6). Celebram a eleição divina e cantam a grandeza do chamado (Sl 2,7). Invocam o nome do Senhor nos momentos de perseguição, pedindo libertação (Sl 34,1). Cantam a aliança de Deus com seu povo e antecipam a aliança messiânica (Sl 110,5). Exaltam a liturgia do Templo, onde mora o Senhor (Sl 134,1-2). Celebram a santidade do Senhor: "Alegrai-vos, ó justo, no Senhor, e dai glória ao seu santo nome" (Sl 96,12). Lembram a missão (S 2,7-8). Anunciam o julgamento divino (Sl 35,24).

Quem salmodia em nome da Igreja deverá captar o sentido pleno dos salmos, particularmente o sentido messiânico, pois foi isso que levou a Igreja a adotar o saltério. Esse sentido messiânico

---

12 Cf. VAGAGGINI, C. *O sentido teológico da liturgia*. São Paulo: Loyola, 2009, p. 421.
13 Cf. ROCCHETTA, C. *Os sacramentos da fé*. São Paulo: Paulinas, 1991, p. 78 ss.
14 Cipriano Vagaggini agrupa os salmos de acordo com sua temática. Cf. Ibiden, p. 423-432.

aparece-nos em toda sua clareza no Novo Testamento, e o próprio Cristo Senhor o apontou expressamente aos apóstolos quando lhes disse: "Era necessário que se cumprisse tudo o que de mim está escrito na Lei de Moisés, nos profetas e nos salmos" (Lc 24,44).

Os salmos podem, ainda, ser celebrados sob outra chave de interpretação, analisando os vários níveis de compreensão. O primeiro nível é o dos contemporâneos dos autores dos salmos no momento histórico em que viviam. O segundo, a dimensão cristológica dos salmos. Cristo é simultaneamente o cantor e o herói dos salmos; os salmos falam de Cristo e a ele se dirigem. "Ninguém orou como Cristo Jesus, com uma oração cuja continuidade, lirismo e mistério o Evangelho nos faz pressentir, com uma oração que exprime uma experiência indizível, experiência de união com o Pai, de segurança, de confiança, de necessidade, de obediência. A oração é como o seu respirar, o canto do seu espírito filial, a tradução do seu ser, ele que é, como dizem os teólogos, inteiramente *ad Patrem*, voltado para o Pai."[15]

Os salmos podem ser entendidos levando em consideração os grandes momentos da história da salvação (análise cronológica), sob a perspectiva do mistério pascal de Cristo. "O mistério de Cristo é um só, desde o plano eterno de Deus, passando pela criação do mundo e do homem, a história do povo do Antigo Testamento, o fato da encarnação do Verbo de Deus, sua expressão no tempo da Igreja até a consumação na parusia."[16]

Conclusão

A Liturgia das Horas enfrenta, hoje, uma série de dificuldades, algumas relacionadas à oração em geral (falta de sentido e de motivação para rezar) e outras específicas (ritmos, formas de

---

15 Cf. GELIN, A. *A oração dos salmos*. Petrópolis: Vozes, 1966, p. 39.
16 Cf. BECKHÄUSER, A. *Liturgia das horas*: teologia e espiritualidade. Petrópolis: Vozes, 2010, p.121.

celebrar, desconhecimento da linguagem simbólica dos salmos etc.). A tudo isso somam-se a falta de tempo para orar, o ritmo alucinante do mundo moderno, o avanço técnico-industrial que consome todas as horas do dia, o secularismo e o consumismo da sociedade atual. A linguagem simbólica dos salmos já não encanta mais. A renovação pastoral da Liturgia das Horas é necessária e deve ser aplicada segundo a renovação do Concílio Vaticano II. A catequese bíblico-litúrgica e a celebração das horas nas pequenas comunidades e nas paróquias poderão contribuir positivamente para essa renovação.

Capítulo XIII

O ano litúrgico

Introdução

"A santa mãe Igreja considera seu dever celebrar, em determinados dias do ano, a memória sagrada da obra de salvação do seu divino Esposo. Em cada semana, no dia que ela chamou domingo, comemora a ressurreição do Senhor, como a celebra também uma vez por ano, unida à memória da sua paixão, na Páscoa, a maior das solenidades. Revela todo o mistério de Cristo no decorrer do ano, desde a encarnação e o nascimento até a Ascensão, ao Pentecostes, à expectativa da feliz esperança e da vinda do Senhor. Com essa recordação dos mistérios da redenção, a Igreja oferece aos fiéis as riquezas das obras e merecimentos do seu Senhor, a ponto de torná-los como que presentes a todo o tempo, para que os fiéis sejam postos em contato com eles e sejam repletos da graça da salvação" (SC 102).

O ano litúrgico reúne o ciclo das celebrações anuais da Igreja que atualizam o mistério de Cristo no tempo. Constitui a celebração da encarnação e da redenção de Deus no mundo, a celebração dos acontecimentos salvíficos no tempo[1]. Portanto, o ano litúrgico não apenas recorda as ações de Jesus, nem somente renova a lembrança de ações passadas, mas sua celebração tem força sacramental e especial eficácia. Recorda-nos e faz presente o que Deus

---

1 Cf. CARNEIRO LIRA, B. *Tempo e canto litúrgicos*. São Paulo: Paulinas, 2008, p. 31-32.

realizou pelos homens em Cristo e o que hoje continua a se realizar pelo Espírito Santo na Igreja, como também o que devemos realizar para responder na fé e imitar na vida o exemplo de Cristo. Ao longo do ano, celebramos o mistério de Cristo em seus diversos aspectos, a memória da Virgem Maria e dos santos (SC 103-105).

Por diferentes motivos, no entanto, a vivência do ano litúrgico perdeu sua dimensão teológica inicial, exigindo uma renovação, a fim de que, "conservando-se ou reintegrando-se os costumes e regulamentações tradicionais dos tempos litúrgicos, de acordo com as circunstâncias de hoje, mantenha seu caráter original para alimentar devidamente a piedade dos fiéis com a celebração dos mistérios da redenção cristã, sobretudo do mistério pascal" (SC 107).

Com o objetivo de refletir sobre os diferentes aspectos dessa renovação conciliar, vamos abordar, em primeiro lugar, os diversos sentidos de tempo para, em seguida, analisar as várias dimensões do ano litúrgico.

Dimensões do tempo

O tempo cósmico

Toda a organização litúrgica tem relação com a diversidade dos ciclos cósmicos que cadenciam a existência temporal: o solar e o lunar. O espaço e o tempo são realidades fundamentais da experiência humana. Antes de ser conceituado e expresso, o tempo é experimentado, vivido com base em fatores internos (ritmos biológicos) e fatores externos (ritmos cósmicos). É, pois, necessário distinguir entre o tempo experimentado subjetivamente (a percepção do tempo em relação aos acontecimentos de nossa vida) e o tempo medido objetivamente (o tempo que nos é dado, de fato, viver). O tempo constitui uma realidade incontrolável; e cabe a nós tão somente o modo de vivê-lo.

O tempo sagrado

O tempo sagrado transforma-se, simultaneamente, em imersão do homem nesse tempo divino e epifania da ação divina na realidade humana. "O tempo sagrado aparece como tempo que retorna a cada ano, ao contrário do ordinário, que se desvanece. É reversível, circular e recuperável cada vez em sua carga idêntica de poder e hierofania. Só aparentemente é interrompido pelo tempo ordinário, mas cada tempo sagrado é solidário a outro. Assim, ao longo dos anos continuam os momentos hierofânicos e constituem um contínuo retorno."[2]

O tempo desempenha em todas as religiões um papel importante, mas a concepção do tempo e o modo de abordá-lo são distintos nas várias experiências religiosas e diferentemente organizados. A concepção bíblico-litúrgica cristã é tão somente uma delas[3].

O tempo divinizado. O próprio tempo é um deus. É encontrado nas antigas culturas e religiões e ainda hoje no hinduísmo e na antiga religião iraniana. A cultura grega adotou essa concepção na abordagem do *khronos* e *aion*. O deus tempo era venerado, a fim de torná-lo favorável à comunidade, evitando destruições e calamidades.

O tempo roda fatal. A existência temporal, inclusive a humana, está marcada pelo mal, pelo sofrimento e pela morte. É preciso libertar-se do tempo, e isso pressupõe a superação da consciência pessoal pelo transe místico, que se alcança por meio da disciplina mental e corporal, bem como pela meditação transcendental.

O tempo ciclo do eterno retorno. Pode ser visto na cultura greco-romana e em textos do Antigo Testamento e se fundamenta na recorrência cíclica da atividade da natureza, mediante a sucessão das estações do ano. Os dias que determinam a mudança

---

2 Cf. LÓPEZ MARTÍN, J. In: BOROBIO, D. (Org.). *A celebração na Igreja*. V. 3. São Paulo: Loyola, 2000, p. 34.
3 Cf. ROSAS, G. O tempo na liturgia. In: *Manual de liturgia* II. São Paulo: Paulus, 2005, p. 388-390.

das estações são sacralizados mediante celebrações cultuais que, por um lado, têm por objetivo agradecer os bens recebidos durante a estação que finda e, por outro, pedir proteção e prosperidade para o novo período que se inicia.

Tempo precursor de outras existências. De acordo com esta concepção, o tempo está ameaçado pela caducidade e pela morte, de modo que só o término da vida humana permite acesso à vida eterna, não sujeita à caducidade nem às mudanças da vida temporal.

O tempo na Bíblia

A concepção de tempo que predomina na Sagrada Escritura é a que considera o âmbito da ação de Deus e da revelação do desígnio divino na história. Deus atua nessa história; por isso, torna-se uma história da salvação. A história de Israel, como posteriormente a dos cristãos, constitui uma contínua manifestação – epifania – da vontade de Deus. Na plenitude dos tempos (Gl 4,4) a promessa de salvação realiza-se plenamente em Jesus Cristo, mediante suas intervenções salvíficas (Lc 11,20).

O tempo bíblico leva o homem para a frente, para um futuro melhor. Não é simplesmente uma evocação, ou repetição, mas promessa e profecia. O tempo histórico dos homens revela-se tempo histórico divino. O ponto de partida dessa história, o desígnio salvífico de Deus, não é algo histórico, pois pertence a Deus, mas se manifesta no curso da história. "O tempo histórico-salvífico, o tempo segundo a Bíblia, é uma linha contínua em que cada acontecimento engloba o passado e o futuro, não como retorno mítico às origens, mas como cumprimento e promessa de ulteriores aperfeiçoamentos."[4]

A liturgia é o memorial dessa história. "Deus é eterno e a eternidade contém o tempo, obra sua. Nesse tempo desenvolve-se

---

4   Cf. LÓPEZ MARTÍN J. In: BOROBIO, D. (Org.)., op. cit., p. 37.

a vida humana, que toma consciência do 'vir a ser' e o torna história. O cristianismo é uma religião histórica. Também sua liturgia é histórica, num duplo sentido: celebra a história e é celebrada na história."[5] A liturgia celebra fundamentalmente o mistério pascal de Cristo e é celebrada na história rumo à plenitude numa aspiral ascendente. Nesse fazer memória da salvação em Cristo engloba simultaneamente o passado e o futuro no presente da celebração. Toda celebração da história torna-se, na liturgia, um *hodie* – hoje. O tempo e a eternidade encontram-se na celebração do Cordeiro imolado, vencedor da morte, que vive e reina (Ap 1,18).

O fundamento do ano cristão é Jesus Cristo. Ele é o Senhor do tempo. Nele realizou-se o ano da graça e do Senhor (Is 61,2). O tempo litúrgico, que é o tempo da Igreja, nasce do mistério pascal de Cristo e se desdobra até o fim dos tempos. O ano constitui a unidade primordial desse mistério. A semana litúrgica tem como centro o domingo, o dia do Senhor. O dia, por sua vez, é santificado pela Liturgia das Horas. O calendário litúrgico cristão dispõe no transcorrer do ano litúrgico as diferentes celebrações do mistério de Cristo, da Igreja e dos santos.

O tempo litúrgico

O tempo litúrgico desenvolve-se com base em um ritmo diário, semanal e anual. Os tempos e os ritmos da celebração têm valor significativo, porque são portadores de eficácia salvífica, de evocação santificadora do mistério de Cristo. Contêm valor sacramental. São verdadeiros tempos de graça – *Kairoi* – em que o mistério de Cristo acontece na história humana (Hb 13,8). É tempo de festa. A atividade festiva é, pois, o culto a Deus, em que culmina toda a celebração da festa.

A festa cristã, no entanto, tem características próprias: a primeira é ser sinal da presença do Senhor entre os seus; a segunda

---

5   Cf. ROSAS, G., op. cit., p. 394.

característica teológica está no valor prefigurativo e escatológico da festa eterna no céu; a terceira, está relacionada à primazia da Palavra de Deus proclamada, narrada, explicada, celebrada e atualizada na ação ritual; a quarta característica da festa cristã é ter seu centro na celebração do memorial do Senhor, a Eucaristia. Há relação entre o tempo festivo do Antigo Testamento e as festividades cristãs: as festividades da antiga aliança são prefiguração, anúncio, preparação e antecipação da festa messiânica. Os tempos festivos cristãos deram nova forma, uma forma perfectiva ao tempo sagrado de Israel.

O ano litúrgico não é simplesmente uma série de ideias, ou uma sucessão de festas, mas uma "epifania da bondade de Deus, que fez irrupção e manifestou-se no decorrer da história da salvação. No entanto, é também resultado do empenho do povo de Deus de responder a essa bondade na fé e na conversão, ou seja, caminhando na presença do Senhor para viver na fidelidade à eleição de que foi objeto, ou seja, na comunhão da aliança"[6]. Dois temas influenciaram decididamente na organização do ano litúrgico: o protagonismo de Jesus Cristo – aquilo que em sua vida e obras se realizou, conforme anunciavam e significavam as antigas festas de Israel –, e a imitação de Cristo pela necessidade de os cristãos se conformarem e serem conformados com ele. Nesse contexto, estabelece-se a conexão entre a vida sacramental do cristão e a vivência do ano litúrgico.

A presença de Cristo no ano litúrgico da Igreja é estabelecida pelo memorial de sua presença histórica – *in illo tempore* – naquele tempo, e sua presença gloriosa de ressuscitado – *hic et hodie* – aqui e agora. Os atos salvíficos, que não se repetem em si mesmos, são atualizados por obra do Espírito, para que possamos fazer deles memória, participando de sua eficácia redentora. A celebração eucarística, por ser a fonte e o cume do mistério de Cristo e, por conseguinte, de toda a vida cristã, torna-se também o centro do dia e do ano litúrgico, como núcleo que sintetiza todo o mistério da salvação.

---

6 Cf. LÓPEZ MARTÍN, J. In: BOROBIO, D. (Org.)., op. cit., p. 56.

O ano litúrgico tem um caráter sacramental, isto é, manifesta e torna presente de modo eficaz para os fiéis a potencialidade salvífica da Páscoa como eixo significativo no qual se proclama a palavra e celebram-se os sacramentos, particularmente a Eucaristia.

Na Sagrada Escritura, os fatos desenvolvem-se por meio de eventos e palavras, intimamente relacionados entre si, de modo que as obras operadas por Deus na história da salvação manifestem e reforcem as realidades significadas pelas palavras e estas proclamem e iluminem as obras (DV 2). A plenitude do mistério de Cristo é celebrada por meio da palavra e do sacramento – *verbum et sacramentum*; a liturgia constitui o *locus* no qual ocorre a plenitude da Palavra de Deus, atualizada pelo memorial celebrado.

Na verdade, o ano litúrgico não diz respeito primeiramente à vida terrena do Senhor Jesus, mas principalmente a seu mistério, à atualização do desígnio salvífico de Deus, assim como se revela em Cristo. Cristo é o protagonista dos eventos salvíficos: cada evento celebrado pela Igreja torna presente, pela força do Espírito, a totalidade do mistério de Cristo. Não se trata de uma reprodução dramática da vida terrena de Cristo, mas de uma celebração memorial.

Divisão do ano litúrgico

O espírito dos fiéis deve ser orientado em primeiro lugar para as festas do Senhor, nas quais, durante o ano, celebram-se os mistérios da salvação. Por isso, para que o ciclo desses mistérios possa ser celebrado no modo devido e em sua totalidade, deve dar ao próprio tempo o lugar que lhe convém, de precedência sobre as festas dos santos (SC 108).

O ano litúrgico compreende dois ciclos (tempos fortes): o ciclo pascal, tendo como centro o tríduo pascal, a Quaresma como preparação e o tempo pascal como prolongamento, e o ciclo do Natal, cuja preparação começa no Advento e tem seu prolongamento até a festa do batismo do Senhor. Além desses dois ciclos, temos o tempo comum. O calendário anual abrange ainda as solenidades, festas, memórias e outras comemorações (SC 109-111). Mesmo detendo-se sobre essas determinadas festas, o ciclo anual celebra o único mistério redentor, atuado por Cristo, em seu mistério pascal. Essa repetição memorial e cíclica proposta como itinerário conformativo a Cristo acontece em três tempos: Advento-Natal e Epifania, Quaresma-Páscoa-Pentecostes e Tempo Comum.

O ciclo da Páscoa

O mistério pascal constitui o centro do ano litúrgico. Para os judeus, a Páscoa é, primeiramente, um acontecimento, a passagem de Deus libertando Israel da escravidão do Egito (Ex 3,1-8), e fazendo com ele uma aliança (Ex 24,1-8). A partir desse fato, as comunidades se reúnem, de geração em geração, para renovar, no presente, a Páscoa da libertação e a Páscoa da aliança[7]. A Páscoa cristã celebra o mistério pascal de Cristo, sua morte, ressurreição e ascensão, pelo qual o Senhor realiza sua obra redentora. É, pois, o coração do cristianismo.

O mistério é um acontecimento único e como tal pertence ao passado; não pode ser repetido. Com o mistério pascal, porém, é diferente; continua vivo e operante em Jesus ressuscitado. Sua vontade salvadora é universal; por isso, torna participantes de seu mistério homens e mulheres de todos os tempos. Cristo continua presente em sua Igreja, sobretudo nas ações salvíficas (SC 7). "Assim o mistério pascal é o cerne, o coração de toda a liturgia e, consequentemente, de todo o ano litúrgico, que é determinado pelas celebrações dos mistérios da redenção."[8]

• A QUARESMA

Por ocasião da celebração da Páscoa, desde o século II os cristãos dedicavam-se ao jejum, à oração e às obras de caridade. No século IV já constatamos um período de quarenta dias, alusão

---

7 Cf. BECKHÄUSER, A. *Os fundamentos da sagrada liturgia*. Petrópolis: Vozes, 2004, p. 69.
8 Cf. ADAM, A. *O ano litúrgico*. São Paulo: Paulinas, 1982, p. 28.

aos quarenta dias de jejum de Moisés no monte Sinai (Ex 34,28), aos quarenta dias do profeta Elias caminhando pelo deserto até o monte Horeb (1Rs 19,8), aos quarenta anos de peregrinação do povo de Israel pelo deserto e, ainda, aos quarenta dias de jejum de Jesus (Lc 4,1-2), chegando-se, assim, à Quaresma dos cristãos. Como os domingos não eram dias de jejum, o início foi antecipado para a Quarta-Feira de Cinzas.

A história da Quaresma evidencia três elementos essenciais: jejum ou preparação para a Páscoa, preparação para receber ou renovar os sacramentos de iniciação cristã e comemoração dos quarenta dias de Jesus em oração no deserto. "Não se pode falar de Quaresma sem ter claro seu termo pascal, uma vez que a Páscoa é o início e o termo do seu caminho. A Quaresma não tem a primazia, assim como não a tem a preparação, mas a tem a meta ou a participação plena na festa das festas, até mesmo para além do tempo, simbolizado pelos cinquenta dias."[9]

A celebração da Quaresma convida a uma permanente mudança de vida, uma fuga da rotina do cotidiano. É convite à renovação de nossos compromissos com Cristo e com os irmãos. Essa conversão não se realiza sem o jejum, a oração, a caridade fraterna e a prática do perdão. A Páscoa, a passagem de Jesus Salvador, deve criar em nós um novo estilo de vida, despojando-nos das obras das trevas e revestindo-nos das armas da luz (Rm 13,12). Essa conversão terminará quando chegarmos à estatura de Cristo, o homem novo (Ef 4,13).

As leituras dominicais da Quaresma, particularmente os Evangelhos, retomam no ano A, ano de Mateus, o processo catecumenal da Igreja primitiva. No primeiro domingo lê-se o Evangelho da tentação de Jesus; como ele, também precisamos superar as tentações do poder, do dinheiro e da luxúria, se quisermos chegar à plena visão do Senhor no monte Tabor (segundo domingo). Essa

---

9   Cf. BELLAVISTA, J. In: BOROBIO, D. (Org.)., op. cit., p. 151.

caminhada exige reconstruir a vida em Cristo pelo batismo (terceiro domingo – samaritana), ver as realidades divinas à luz da fé (quarto domingo – cego de nascença) e viver uma vida nova (quinto domingo – ressurreição de Lázaro). Nos anos B e C (Marcos e Lucas), retomam-se as narrativas da tentação de Jesus e de sua transfiguração, nos dois primeiros domingos. Nos demais domingos do ano B, os Evangelhos apresentam o discurso sobre a destruição do Templo (terceiro domingo), o diálogo com Nicodemos (quarto domingo) e a parábola do grão de trigo (quinto domingo). No ano C, o terceiro domingo comenta o episódio dos galileus, no quarto domingo a parábola do filho pródigo e no quinto, a cena da adúltera. A liturgia propõe um verdadeiro caminho de conversão para Cristo.

• O TRÍDUO PASCAL

"O Tríduo Pascal da Paixão e Ressurreição do Senhor começa com a missa vespertina na Ceia do Senhor, possui o seu centro na Vigília Pascal e encerra-se com as Vésperas do domingo da Ressurreição."[10] Constitui a própria Páscoa do Senhor celebrada sacramentalmente em três dias. Santo Ambrósio, no século IV, já faz alusão a um *Tridum Sacrum* e São Leão Magno fala em *Paschalis Festivitas* e *Sacramentum Paschale*. A ênfase dada à instituição da Eucaristia, na Quinta-Feira Santa, pode desviar a atenção do verdadeiro ápice da Páscoa, a vigília pascal.

A Quinta-Feira Santa pertence a dois tempos litúrgicos diferentes: até a hora das Vésperas é o último dia da Quaresma; com a missa *in cena Domini* inaugura-se o tríduo pascal. A missa da Ceia do Senhor é atestada em Jerusalém no século IV. Celebravam-se duas missas: uma no meio da tarde, na basílica do *Martyrium*, que encerrava o jejum quaresmal, e outra mais tarde, no Calvário, lembrando a instituição da Eucaristia. Posteriormente, são acrescentados os ritos do lava-pés, da transladação da reserva eucarística, da desnudação dos altares e da adoração do Santíssimo em capela lateral.

---

10 Cf. MISSAL ROMANO. *Normas universais sobre o Ano litúrgico e o Calendário*, 19.

A Sexta-Feira Santa já é celebrada em Jerusalém no fim do século IV. Trata-se de um dia inteiramente dedicado à oração itinerante que levava os fiéis do jardim das oliveiras ao Gólgota, onde o bispo apresentava, para a veneração dos fiéis, o lenho da cruz. A Sexta-Feira Santa corre o risco de ser entendida exclusivamente como o dia da morte do Senhor, sem referência à sua ressurreição. A adoração da Cruz, melhor dizendo, a adoração de Cristo crucificado, e outras representações da paixão deram origem à Via-Sacra. Finalmente, iniciou-se a devoção eucarística com a introdução da comunhão. A celebração consta de quatro momentos: liturgia da palavra, adoração da Cruz, preces solenes e liturgia da comunhão.

A Vigília Pascal constitui o núcleo do qual nasce qualquer outra celebração; culmina na oferenda pascal de Cristo. A Igreja celebra de modo sacramental esta mãe de todas as noites, em que faz mais plenamente memória de nossa redenção e da perfeita glorificação de Deus. Pelo menos desde o século II o Sábado Santo foi dia de jejum e a Vigília Pascal a primeira celebração da liturgia cristã; dia de recolhimento e de paz à espera da ressurreição. Nos primeiros séculos, a característica essencial desse dia era a do jejum absoluto, que concluía a primeira fase da celebração pascal. Os catecúmenos eram convocados, pela manhã, para a recitação do símbolo que lhes tinha sido entregue durante a Quaresma. Embora compreendendo vários ritos, a celebração mantém unidade em torno da Palavra de Deus e da Eucaristia. A liturgia da noite pascal é constituída de quatro partes: celebração da luz, liturgia da palavra, liturgia batismal e liturgia eucarística. A Vigília Pascal é, por excelência, uma celebração noturna; pode começar no momento em que o dia termina e se encerrará antes do nascer do sol.

• A CELEBRAÇÃO DA PÁSCOA

Para determinar a Páscoa anual nos meados do século II da Era Cristã, concorreram duas tradições: uma preocupada em manter a continuidade com a Páscoa mosaica no décimo quarto dia do mês de Nisã, isto é, no dia da lua cheia do equinócio da primavera (quatrodecinanos) e, outra, mais preocupada em manter o ritmo semanal da celebração do Dia do Senhor (Dia Senhorial). A Igreja optou por esta última. "A Solenidade das solenidades, por longo tempo a única dos cristãos na qual o dia – o Dia que o Senhor fez – se prolonga por uma semana inteira e se renova numa semana de semanas, a Páscoa, é o centro e o ápice do tempo cristão."[11]

No ano 325, o Concílio de Niceia pôs fim às divergências sobre essa celebração, prescrevendo a celebração pascal para o primeiro domingo depois da primeira lua cheia da primavera. Por ocasião do Concílio Vaticano II, a Igreja católica se dispôs a fixar definitivamente a data da Páscoa, a fim de facilitar o calendário civil, mas, por motivos ecumênicos, essa sugestão não prosperou.

No tempo da Quaresma-Páscoa, a Igreja proclama os eventos pascais da paixão, morte, ressurreição e ascensão de Cristo, culminando com o dom do Espírito Santo em Pentecostes. Trata-se da celebração central e da plena realização do desígnio salvífico de Deus em favor da humanidade. Participamos, dessa forma, na vida do Senhor ressuscitado. É o que a Igreja celebra com os símbolos da Vigília Pascal, coração de todas as celebrações cristãs do ano litúrgico. A Quaresma constitui um verdadeiro itinerário espiritual, guiado pela Palavra de Deus, um caminho de fé e de conversão.

O tempo pascal, por sua vez, celebra a Páscoa de Jesus Cristo apresentando seus frutos e suas exigências para a vida da Igreja, por meio da vivência dos sacramentos da iniciação cristã. O evento pascal é celebrado como uma realidade eclesial-sacramental com exigências de renovação e discipulado. Muitos cristãos, que participam da missa do Domingo de Páscoa, não tomaram parte da celebração do tríduo sagrado; por isso, é necessário incutir nos fiéis a consciência da unidade do mistério pascal como um todo, fazendo-se a ligação da missa com a noite pascal.

---

11 Cf. MARTIMORT, A.G. *A Igreja em oração*. V. 4, Petrópolis: Vozes, 1992, p. 22.

A centralidade do acontecimento pascal de Cristo dá à nova comunidade a consciência de ser o verdadeiro Israel de Deus, distinguindo, dessa forma, a Igreja do judaísmo, fazendo-a celebrar não mais a páscoa figurativa de Israel, mas a Páscoa libertadora de Jesus Cristo[12].

• A QUINQUAGÉSIMA PASCAL

A celebração da Páscoa estende-se por cinquenta dias até a solenidade de Pentecostes. A ressurreição de Cristo (Páscoa) e a vinda do Espírito Santo (Pentecostes) constituem, na verdade, um único dia. Em íntima relação com a festa judaica das semanas (Ex 34,22), Pentecostes é o coroamento de um mesmo acontecimento salvífico: a festa da aliança (Páscoa) e a festa da Lei (Pentecostes).

Na semana da Páscoa, a liturgia faz memória das aparições de Jesus ressuscitado, como também no segundo e no terceiro domingos. A fé pascal constitui o núcleo da salvação que a Igreja confessa. O quarto domingo apresenta a figura do bom Pastor, que conhece suas ovelhas pelo nome e por elas dá a vida. Jesus, Caminho, Verdade e Vida é o tema do quinto Domingo de Páscoa. Jesus promete o seu Espírito (sexto domingo) e rende graças ao Pai (sétimo domingo). Na Igreja primitiva, era o tempo da mistagogia: os neófitos aprofundavam a fé batismal à luz do Ressuscitado.

Giuseppe Casarin afirma: "Contemplar o mistério pascal é, portanto, acolher na fé a Deus Pai que se dá a nós, pelo Filho ressuscitado e no Espírito presente em nossos corações. Contemplar o mistério pascal é deixar-se envolver por este movimento de amor para viver uma vida nova, libertada do medo e carregada de confiança num Deus que é também nosso Pai; numa vida filial que, dia após dia, nos conforma com a humanidade plena e perfeita do Filho Jesus, numa vida guiada pela ação do Espírito que faz

---

12 Cf. MARSILI, S. *Sinais do mistério de Cristo*. São Paulo: Paulinas, 2010, p. 501.

amadurecer nela seus frutos de comunhão, de amor e de paz. Desse modo, o anúncio da ressurreição torna-se o acontecimento que regenera continuamente a nossa fé e a nossa experiência cristã."[13]

♦ A ASCENSÃO DO SENHOR

Na Igreja primitiva, em Jerusalém, os cristãos celebravam a Ascensão e Pentecostes como um único acontecimento: a missão fecundada pelo envio do Espírito Santo. Em outras comunidades, dá-se início a uma festa da Ascensão independente, no quadragésimo dia da Páscoa. Além da grande estima pelo número 40, essas comunidades cristãs lembravam o texto de Lucas, no qual se afirma que Jesus apareceu aos seus discípulos durante quarenta dias (At 1,3).

"O significado da ascensão vai ainda mais longe. Ela não é, com efeito, somente termo da ressurreição que coroa a obra de Jesus, nem tão somente o sinal do atraso da parusia, mas também anúncio de que já começou a soberania de Jesus, no sentido de que doravante está constituído juiz dos vivos e dos mortos."[14] Celebra-se uma partida, mas não uma ausência. O Ressuscitado continua presente entre nós pela força de seu Espírito. Ele parece longe, distante. Na verdade, porém, ultrapassando nossa condição humana limitada, o Senhor passa a viver uma condição invisível, mais perto que nunca de cada ser humano com todo seu amor.

Na liturgia, a oração da missa lembra que a ascensão de Cristo já é nossa vitória, pois membros de seu corpo, nós somos chamados na esperança a participar de sua glória. O prefácio proclama que, pela ascensão, Cristo tornou-se mediador entre o Pai e a humanidade redimida, juiz do mundo e senhor do Universo, nossa cabeça e princípio, que nos conduzirá à glória da imortalidade.

A solenidade da Ascensão constitui convite à missão: "Toda a autoridade me foi dada no céu e na terra. Ide, pois, e ensinai a

---

13 Cf. CASARIN, G. *Lecionário comentado*: Quaresma-Páscoa. São Paulo: Paulus, 2009, p. 376.
14 Cf. BELLAVISTA, J. In: BOROBIO, D. (Org.)., op. cit., p. 131.

todas as nações; batizai-as em nome do Pai, do Filho e do Espírito Santo. Ensinai-as a observar tudo o que vos prescrevi" (Mt 28,18-20). Não podemos ficar parados, olhando para o céu (At 1,11). Isso não significa entregar-se ao ativismo pastoral, mas empenhar-se em encontrar Cristo na palavra, nos sacramentos, nos pequeninos, nos pobres, doentes e marginalizados deste mundo, nos sinais dos tempos da sociedade em que vivemos.

• A SOLENIDADE DE PENTECOSTES

Durante cinquenta dias vivemos a presença de Jesus ressuscitado em nosso meio. O Espírito foi prometido e concedido por Cristo no dia de sua ressurreição (Jo 20,22). O Espírito foi derramado sobre toda a comunidade cristã (At 2,1-13). Essa presença torna-se perceptível particularmente por meio de seus dons e carismas (Ef 4,1-7). O *Catecismo da Igreja Católica*, lembrando o documento conciliar *Ad Gentes*, adverte para a dimensão missionária da ação do Espírito (n. 2003; AG 4). João Paulo II, na Carta Apostólica *Redemptoris Missio*, reafirma essa ação missionária, quer nas consciências e nos corações humanos, quer na história (n. 21), quer ainda no mandato missionário e na comunhão com a Trindade (n. 23).

O dom do Espírito caracteriza a maturidade da experiência cristã. Prometido no Antigo Testamento, desce sobre Jesus no momento de seu batismo, testemunhando sua missão messiânica. Pentecostes é, pois, o cume e o selo do tempo pascal. O dom do Espírito leva ao cumprimento das promessas de Deus, mas é também primícias e penhor da esperança dos cristãos e do mundo.

Jesus ressuscitado comunica seu Espírito qual força transformadora em vista da missão e concede paz à Igreja (At 9,31). "Os apóstolos, criados de novo pelo Espírito, foram capacitados para comunicar aos homens as palavras que são espírito e vida (Jo 6,63). Em seguida, comunicam-lhes o poder de perdoar e reter.

É o poder eclesial de perdoar as faltas no seio da comunidade dos discípulos. Os apóstolos foram criados de novo pelo Espírito para prolongar a missão de Cristo em sua totalidade."[15]

O tempo comum

O tempo comum propõe uma visão global do mistério de Cristo a partir do domingo. Nele, de fato, se perpetua e atualiza o mistério pascal de Cristo. Nos dias de semana, o Evangelho apresenta a passagem de Cristo entre nós, sua vida, sua pregação, seus atos salvíficos. Na contemplação diária das palavras e dos gestos de Jesus intuímos a atitude fundamental que norteava sua vida: fazer a vontade do Pai. Assumir o mistério de Cristo no tempo comum significa levar a sério seu discipulado no dia a dia.

A presença maior das festas e das memórias dos santos no tempo comum evidencia os vários modos de seguir a Cristo, nos mais diversos carismas e nas diferentes situações de vida. Os santos são apresentados como modelos de vida e intercessores do povo de Deus junto a Cristo.

O dia do Senhor

Desde o início do cristianismo, o domingo (primeiro dia da semana), dia em que se celebrava a ressurreição de Jesus, era comemorado pela comunidade apostólica (Mt 28,1; Mc 16,2; Lc 24,1). Muito cedo, no entanto, por influência da comunidade judaica, os cristãos começam a celebrar a Páscoa anualmente. "O domingo é a festa semanal do ano litúrgico. Os antecedentes do domingo estão no sábado judeu (*Shabbat*), dia de descanso e de celebração das maravilhas de Deus, realizadas em favor do povo. A novidade do domingo está no conteúdo: a celebração do mistério pascal de Cristo. Essa originalidade é expressa com vários nomes: o dia do Senhor; o primeiro dia; o dia da ressurreição; o dia do sol e da luz; o oitavo dia; o senhor dos dias (Cristo Alfa

---

15 Cf. BELLAVISTA, J. In: BOROBIO, D., op. cit., p. 132.

e Ômega)... O domingo, como dia do Senhor, é o dia da assembleia cristã, o dia da Eucaristia."[16]

O Concílio Vaticano II afirma: "Por tradição apostólica que tem sua origem no dia mesmo da ressurreição de Cristo, a Igreja celebra cada oitavo dia o mistério pascal, naquele que se chama justamente dia do Senhor ou domingo" (SC 106). O Novo Testamento lembra várias vezes a celebração no primeiro dia da semana: no episódio de Emaús (Lc 24,1-13); no cenáculo (Jo 20,19-20); em Trôade (At 20,7-12); na primeira carta aos Coríntios (1Cor 16,1-2); no Apocalipse (Ap 1,10); na carta aos Hebreus (Hb 10,24-25).

Várias denominações foram dadas ao domingo: o primeiro dia, o oitavo dia, o dia do Senhor, o dia do Ressuscitado. João Paulo II, na Carta Apostólica *Dies Domini*, analisa o domingo como o dia de Cristo, o dia da Igreja, o dia do homem e o dia dos dias. O domingo supera o sábado judeu, porque leva à plenitude a verdade espiritual do sábado judeu e anuncia o repouso eterno do homem em Deus (CIC 2175).

Como a Páscoa semanal, o domingo é o dia do encontro da comunidade cristã com seu Senhor, o dia do Senhor e o da comunidade. "Essa é a perspectiva radical do domingo, da qual derivam todas as outras: a cada oito dias os cristãos celebram o memorial da vitória pascal de Jesus. Elevamos uma porção semanal do nosso tempo à categoria de sacramento da Páscoa do Senhor, um dia que é chamado com toda a razão dia do Senhor ressuscitado."[17]

O domingo é, por excelência, também o dia da Eucaristia. "Nunca, depois disso, a Igreja deixou de reunir-se para celebrar o mistério pascal: lendo tudo o que a ele se referia em todas as Escrituras (Lc 24,27), celebrando a Eucaristia na qual se tornam novamente presentes a vitória e o triunfo de sua morte e, ao mesmo

---

16 Cf. BOROBIO, D. *Celebrar para viver.* São Paulo: Loyola, 2009, p. 59-60.
17 Cf. ALDAZÁBAL, J. In: BOROBIO, D. (Org.)., op. cit., p. 80.

tempo, dando graças a Deus pelo dom inefável (2Cor 9,15) em Jesus Cristo, para louvor de sua glória (Ef 1,12), pela força do Espírito Santo" (SC 6). A Eucaristia não é tanto iniciativa nossa quanto convocação de Cristo, o Senhor, de seu Espírito.

Dia da alegria, do repouso, da solidariedade e da paz, o domingo torna-se também ocasião em que o homem é convidado a lançar um olhar regenerado sobre as maravilhas da natureza, deixando-se envolver por aquela estupenda e misteriosa harmonia, lei inviolável de concórdia e de amor[18]. O verdadeiro repouso do cristão não significa apenas abstenção do trabalho, mas, acima de tudo, apaziguamento do coração. Para os judeus, o repouso sabático lembrava o descanso de Deus após a obra da criação; os cristãos festejam o domingo para prestar a Deus ação de graças por nos ter salvo nesse dia, mediante a ressurreição de Cristo.

O ciclo do Natal

O conteúdo do tempo Advento-Natal é contemplado pela liturgia sob uma dimensão histórico-salvífica, sobretudo o nascimento de Jesus, no contexto da realização do plano de Deus. Jesus, nascido da descendência de Davi, segundo a carne, é o mesmo que foi constituído Filho de Deus (Rm 1,1-7). O nascimento de Jesus é celebrado como o nascimento do Redentor que vem salvar a humanidade. O Natal continua presente na Igreja por todo o ano litúrgico, à luz do mistério pascal.

A segunda vinda de Cristo, tema que se desenvolve principalmente nas primeiras semanas do Advento, está em íntima relação com a primeira vinda. A Igreja acolhe aquele que está sempre presente, mas que se revela, sempre de novo, até a glorificação final. A esperança anunciada pelo Advento é um convite a aceitar a consolidação da obra salvadora de Deus, presente, de modo particular, no terceiro domingo do Advento.

---

18 Cf. JOÃO PAULO II. *Carta Apostólica Dies Domini*, 67.

Os ciclos da Páscoa e do Natal são os dois polos em torno dos quais gira o ano litúrgico. O ciclo pascal é, sem dúvida, o mais importante não só historicamente, mas também por seu conteúdo teológico-litúrgico. Ambos celebram o mistério da redenção, ainda que em perspectivas diferentes: a redenção tem na Páscoa, como fundamento, a *Beata Patio*; no Natal, a redenção no Filho de Deus feito homem, que sofrerá a paixão e a morte por nossa redenção.

• O Advento

O tempo do Advento tem por finalidade preparar o caminho do Senhor (Mt 3,3). Três personagens orientam essa preparação: João Batista, o maior de todos os profetas, o maior entre os nascidos de mulher (Lc 7,28), homem de penitência, desapego e de absoluta fidelidade ao projeto de Deus (Mt 3,1-12). Elias, o profeta da esperança que anuncia o reinado de paz do Senhor entre as nações (Is 2,1-5), a primazia da justiça (Is 11,1-10), a presença salvadora do próprio Deus (Is 35,1-6), a concepção da virgem mãe (Is 7,10-14), o Filho que nos foi dado (Is 9,1-6); a terceira personagem é Maria, a Mãe do Senhor, que nos ensina a ternura do acolhimento da vontade do Senhor (Lc 1,26-38) e dá à luz o Esperado das nações (Lc 2,1-14).

O Advento, contudo, não é somente uma época de preparação para o Natal; constitui uma realidade permanente da parte de Deus, momento de graça e de salvação à qual devemos estar atentos, abertos e bem-dispostos. O amor de Deus nos chama à vida plena pela filiação divina, em vista da futura glorificação: "Revestido de nossa fragilidade, ele veio a primeira vez para realizar seu eterno plano de amor e abrir-nos o caminho da salvação. Revestido de sua glória, ele virá uma segunda vez para nos conceder em plenitude os bens prometidos que hoje, vigilantes, esperamos" (1º Prefácio do Advento).

O convite de João Batista, para que os caminhos do Senhor sejam preparados, nos estimula a realizar uma espera ativa e eficaz do Natal. Devemos contribuir para um mundo melhor, mais justo e fraterno, mediante ações concretas no âmbito da sociedade, em vista da transformação definitiva no fim dos tempos.

O Advento nos faz desejar ardentemente o retorno de Cristo, a fim de que sejam superadas as injustiças e as discórdias. A vinda do Senhor e sua presença entre nós já são um fato. Cristo está presente em sua Igreja e no mundo; é necessário percebê-lo e entrar em comunhão com ele. "Seremos profetas que denunciam injustiças, mas que são capazes de anunciar a consolação que vem de Deus. Cheios de coragem de gritar, mesmo no deserto, que a libertação está próxima. Pessoas de ação e ao mesmo tempo de uma profunda relação com Deus. Homens e mulheres de Deus, que apontam o caminho para o Senhor, capazes de revelar o amor e a compaixão de Deus. Anunciadores da paz, da fidelidade, da justiça, da prosperidade, da salvação."[19]

♦ O NATAL E A EPIFANIA DO SENHOR

O primeiro testemunho da festa do Natal está no cronógrafo de 354[20]. O Natal é, portanto, uma festa tipicamente romana que depois se estendeu pelo Oriente, começando por Antioquia e Constantinopla. Em Alexandria já se celebrava o Natal no ano 430. O Natal e a Epifania vão se difundindo no Oriente e no Ocidente. No século IV já são celebrados em 25 de dezembro e 6 de janeiro, respectivamente[21].

A teologia e a espiritualidade desse tempo põem em evidência o tema da manifestação do Senhor. No Natal Jesus Menino é manifestado aos pastores (Lc 2,8-12). Na oitava do Natal é

---

19 Cf. CNBB. *Roteiros homiléticos, Ano B*. São Paulo: Paulus/Paulinas, 2005, p. 20-21.
20 O *cronógrafo* é um calendário romano no qual se encontram muitos dados de ordem civil. Redigido por Fúrio Dionísio Filócalo, é também conhecido como *calendário filocaliano*. Nele se lê: "*Depositio martyrum, VIII calendas ianuarii natus est Christus in Bethleem judeae*". As festas do Natal e da Epifania têm origem nas festas pagãs em honra do sol (*natalis invicti*), depois de começar o início do *equinócio* do inverno. No Oriente, a festa da Epifania teve a mesma origem e era celebrada treze dias depois, em 6 de janeiro.
21 Cf. RAMIS, G. In: BOROBIO, D. (Org.), op. cit., p. 163-165.

apresentado no Templo, e reconhecido publicamente por Simeão e Ana como o Salvador (Lc 2,25-38). Por ocasião da Epifania, Jesus é apresentado aos magos, representando todos os povos (Mt 2,1-12). No batismo no rio Jordão, o Pai e o Espírito apresentam-no como o Messias (Mt 3,13-17). A liturgia dessa festa lembra ainda as Bodas de Caná (Jo 2,1-12), em que Jesus se manifesta realizando o primeiro milagre, e a Transfiguração do Senhor (Mt 17,1-9), manifestação a seus discípulos.

Nossa esperança foi renovada pelo nascimento do Salvador. Ao nos conceder o próprio Filho, o Pai nos deu sua maior bênção para toda a humanidade. Não apenas Israel é o povo eleito, mas, em Jesus, a humanidade inteira torna-se um só povo amado, redimido por seu sangue. A salvação é oferecida a todos, sem distinção (Gl 3,28).

Clemente de Alexandria, no século III, faz alusão a uma festa do Batismo de Jesus, celebrada pelos gnósticos, em 6 de janeiro, festa que era entendida como o verdadeiro nascimento do Filho de Deus. É provável que tenha surgido, então, a festa da Epifania para toda a Igreja. Há quem afirme, também, a influência de uma festividade pagã, dedicada ao deus Éon, o deus do tempo e da eternidade, e celebrada no dia 5 de janeiro, junto ao rio Nilo. No Oriente, celebravam-se nesse dia os batizados. Juntou-se a isso a festa do primeiro milagre de Jesus nas Bodas de Caná (Jo 2,11). No século VI, o Oriente passou a celebrar em 25 de dezembro tanto o nascimento de Cristo como a vinda dos Magos, e reservou o dia 6 de janeiro para a comemoração do Batismo de Jesus e o milagre de Caná; o Ocidente celebrava o nascimento de Jesus em 25 de dezembro e a festa dos Magos, junto com a Epifania do Senhor, o Batismo de Jesus e o milagre de Caná, em 6 de janeiro. O relato evangélico não fala nem de reis nem de três. Orígenes foi o primeiro a falar em três, certamente referindo-se aos presentes oferecidos pelos magos. Cesário de Arles, no século VI, dá-lhes o título de reis. No século IX, surgem os nomes: Gaspar, Melquior e Baltasar [22].

---

22 Cf. ADAM, A., op. cit., p. 144-148.

Ambas as solenidades não podem ser celebradas desvinculadas do mistério pascal: a redenção é o coroamento do mistério da encarnação (início da redenção). No nascimento do Redentor saudamos e celebramos nossa redenção que se cumprirá na Páscoa. Jesus se manifestou ao mundo para salvar os homens na humildade de nossa carne. Revelou-se ao mundo como único Redentor verdadeiro. "Não foi por uma nova decisão nem por uma compaixão tardia que Deus cuidou dos interesses dos homens, mas desde a criação do mundo constituiu um só e mesmo princípio de salvação para todos. A graça de Deus, pela qual todos os santos sempre foram justificados, aumentou, mas não teve início com o nascimento de Cristo; e esse mistério de grande misericórdia, que enche agora o mundo inteiro, já foi eficaz em seus símbolos: tanto alcançaram os que acolheram a promessa como os que a receberam quando nos foi dado."[23]

• AS FESTAS

A Sagrada Família

O Papa Bento XV ordenou sua celebração a toda a Igreja em 1921, fixando-lhe o domingo na oitava da Epifania. Na reforma do Vaticano II, a festa foi antecipada para o domingo dentro da oitava do Natal; se não houver nenhum domingo dentro da oitava, celebra-se em 30 de dezembro. O Papa Paulo VI, ao comentar as lições de Nazaré, chama a Sagrada Família de a escola do Evangelho, lembrando a lição do silêncio, da vida familiar e do trabalho[24].

Maria, Mãe de Deus

No ano 46 a.C., o imperador Gaio Júlio César determinou a mudança do início do ano civil de 1º de março para 1º de janeiro[25].

---

23 Cf. LEÃO MAGNO. *Sermões sobre o Natal e a Epifania*. n. 4. Petrópolis: Vozes, 1974, p. 40.
24 Cf. PAULO VI. *Alocuções*, Liturgia das Horas, v. I, p. 382-383.
25 Cf. ADAM, A., op. cit., p. 138.

Entre os pagãos celebra-se essa data em honra ao deus bifronte Jano, em meio a festas licenciosas e costumes supersticiosos. A Igreja procurou preservar a fé e a moralidade dos fiéis mediante celebrações penitenciais e jejuns. Por influência oriental, a Igreja de Roma estabeleceu para essa data uma festa mariana: comemoração (Natal) da Mãe de Deus. No século VI, popularizou-se na Espanha e na Gália a festa da Circuncisão do Senhor, relegando ao segundo plano a festa mariana. Por ocasião da reforma do novo Calendário Litúrgico do Vaticano II, Paulo VI retomou a solenidade primitiva, dedicando o primeiro dia do ano à Maria, Mãe de Deus, e ao dia de orações pela paz universal.

É significativa a celebração de Maria, Mãe de Deus, no contexto da espiritualidade natalina. "É um renovado momento de graça oferecido a todos nós para nos ajudar a aprofundar a contemplação do mistério da encarnação, para nos dizer uma vez mais que o Filho de Deus veio verdadeiramente na carne humana, no tempo, através do corpo de uma mulher: Maria é totalmente santa, toda consagrada ao amor de Deus e ao amor dos homens."[26]

O batismo de Jesus

Com a festa do Batismo do Senhor, no domingo após a Epifania, encerra-se o ciclo do Natal. Os quatro evangelhos narram esse acontecimento (Mt 3,13-17; Mc 1,9-11; Lc 3,21-22; Jo 1,31-34). Jesus é manifestado como o Messias a Israel mediante a teofania no rio Jordão. Somente ele é o Filho amado, no qual o Pai se compraz (Mt 3,17). Jesus torna-se pleno do Espírito Santo, cumprindo-se, desse modo, as palavras do profeta Isaías: "O Espírito do Senhor repousa sobre mim, porque o Senhor consagrou-me pela unção: enviou-me a levar a boa-nova aos humildes, a curar os corações doloridos, a anunciar aos cativos a redenção, e aos prisioneiros a liberdade; a proclamar um ano de graças da parte do Senhor" (Is 61,1-2).

---

26 Cf. CASARIN, G. *Lecionário Comentado, Advento-Natal*. São Paulo: Paulus, 2009, p. 293-294.

O episódio do batismo de Jesus abre-nos uma nova perspectiva para entendermos seu mistério. Nele a humanidade inteira desceu ao Jordão para realizar o verdadeiro êxodo da morte para a vida. Nele somos chamados a reassumir continuamente nosso batismo, a nos conformarmos sempre mais à sua imagem. O Espírito do Senhor nos purifica continuamente e nos confere o perdão, tornando-nos capazes de caminhar na vida nova, segundo o mandamento do amor.

A Apresentação do Senhor

Há duas festas de cunho natalino fora do ciclo do Natal: a Apresentação do Senhor (2 de fevereiro) e a Anunciação do Senhor (25 de março).

A Apresentação do Senhor, festa realizada quarenta dias depois do Natal, lembra a apresentação de Jesus no Templo (Lc 2,21-40) e a purificação cultual de Maria, segundo as prescrições do Antigo Testamento (Lv 12,1-8). O primogênito pertencia ao Senhor, por isso deveria ser resgatado (Nm 18,16). Essa festa já era celebrada em Jerusalém no século V, conforme informação da peregrina Etéria. Em Roma instituiu-se a procissão das luzes (Jesus luz das nações) nessa mesma época, para substituir uma procissão pagã de expiação. Entre nós, na religiosidade popular, celebra-se a festa de Nossa Senhora das Candeias. Anteriormente denominada festa da Purificação de Maria, com a reforma do Calendário Universal, em 1969, recebeu a designação de Apresentação do Senhor.

A Anunciação do Senhor

As raízes dessa solenidade, no Oriente, remontam ao período anterior ao Concílio Ecumênico de Éfeso (431). A celebração em 25 de março é constatada no século VI, no Oriente, e no século VII, no Ocidente. Como se situa sempre na Quaresma, nem sempre desperta, entre o povo, o clima festivo que deveria traduzir o mistério da encarnação. Constitui uma celebração essencialmente cristológica: "A Virgem Maria recebeu com fé o anúncio do anjo; e, à sombra do Espírito Santo, acolheu com amor, no seio puríssimo, aquele que, para salvar os seres humanos, quis nascer entre eles"[27].

O Missal Romano faz o seguinte comentário a respeito dessa solenidade: "A Igreja, como Maria, associa-se à obediência do Cristo, vivendo sacramentalmente na fé o sentido pascal na anunciação. Maria é a filha de Sião que, coroando a longa espera, acolhe com seu *fiat* e concebe por obra do Espírito Santo o Salvador. Nela, Virgem e Mãe, o povo da promessa torna-se o novo Israel, Igreja de Cristo".

Jesus vem ao mundo para se doar totalmente aos homens. Veio realizar a vontade do Pai (Hb 10,7), vontade que não se concretiza somente no acontecimento de Belém, mas abrange toda a sua existência, desde a encarnação até a ressurreição. Maria tomou parte decisiva dessa entrega de seu Filho: "Eis aqui a serva do Senhor. Faça-se em mim segundo a tua palavra" (Lc 1,38). Também nós devemos acolher o Salvador em nosso coração, em nossa vida cotidiana, para sermos também um sacrifício vivo, santo e agradável a Deus (Rm 12,1).

---

27 Cf. Prefácio da Solenidade da Anunciação do Senhor.

Capítulo XIV

Música sacra e arte sacra

Música sacra

Em relação à dignidade da música sacra, o Concílio afirma: "A tradição musical de toda a Igreja é um tesouro de inestimável valor, que se sobressai entre todas as outras expressões de arte, sobretudo porque o canto sagrado, intimamente unido com o texto, constitui parte necessária ou integrante da liturgia solene. Por esse motivo, a música sacra será tanto mais santa quanto mais intimamente estiver unida à ação litúrgica, quer como expressão mais suave da oração, quer favorecendo a unanimidade, quer, enfim, dando maior solenidade aos ritos sagrados" (SC 112). Os atos litúrgicos revestem-se de forma mais nobre quando celebrados com canto, com a participação ativa dos ministros sacros e do povo, e o tesouro da música sacra é conservado e favorecido com suma diligência (113-114). Deve-se dar grande importância à formação e à prática musical nos seminários, noviciados e casas de estudo, até mesmo com a fundação de institutos superiores de música sacra (SC 115).

A Igreja reconhece como canto próprio da liturgia romana o canto gregoriano; portanto, na ação litúrgica, ocupa o primeiro lugar entre seus similares. Os outros gêneros de música sacra, especialmente a polifonia, não são absolutamente excluídos da celebração (SC 116). Os cantos religiosos devem ser acolhidos e promovidos (SC 118), como também as tradições musicais das diversas culturas (SC 119). Embora a Igreja manifeste preferência pelo órgão de tubos, admite os instrumentos musicais, de acordo com o parecer das autoridades competentes, contanto que sejam adequados ao uso sacro, ou possam a ele se adaptar, condigam com a dignidade do templo e favoreçam realmente a edificação dos fiéis (SC 120). O texto conciliar convida, ainda, os compositores a criar composições que se apresentem com as características da verdadeira música sacra e possam ser cantadas não só pelos grandes coros, mas se adaptem também aos pequenos e favoreçam uma ativa participação de toda a assembleia dos fiéis (SC 121).

A música e o canto são, pois, parte integrante da liturgia, embora tenham características próprias; devem dar forma ao conteúdo dos ritos. Quanto mais unida à ação litúrgica, mais sacra será e mais traduzirá o mistério de Cristo. Por isso, ela é um meio e não um fim. Exerce uma função ministerial baseada em estética, função e dinâmica próprias, que decorrem da natureza da liturgia. Quanto mais uma obra musical se insere na ação litúrgica, mais será adequada para a celebração litúrgica. O texto e a melodia são sinais eficazes da presença de Deus. Por conseguinte, é necessário que estejam em sintonia com a estrutura hierárquica e comunitária da Igreja, servindo à palavra e ao rito.

A Conferência Nacional dos Bispos do Brasil publicou em dezembro de 1998 um estudo sobre a música litúrgica no Brasil (nº 79). Após vários anos de pesquisa, um grupo de peritos preparou esse estudo, abordando todas as dimensões do canto litúrgico, suas fontes de inspiração e orientações pastorais. Atenho-me, tão somente, às observações iniciais sobre a situação da música sacra no Brasil, com seus aspectos positivos e negativos.

Entre os pontos positivos podemos citar: o esforço para criar uma música na linguagem do povo; encontros nacionais e regionais de músicos, musicólogos, folcloristas e liturgistas; cursos de canto pastoral e litúrgico; cursos ecumênicos de formação e atualização litúrgico-musical; concursos anuais que possibilitem a criação de letras e músicas para a Campanha da Fraternidade; grande variedade de publicações, entre elas os quatro volumes do *Hinário da CNBB* e o *Ofício divino das comunidades*; apoio da parte de pastores e das comunidades; introdução do uso dos mais diversos instrumentos; repertório litúrgico-musical amplo e variado; valorização das expressões musicais da religiosidade popular; importância da expressão simbólico-corporal; maior atenção às partes fixas da Celebração (Ordinário); a introdução dos mantras; a tomada de consciência do ministério da música e do canto como parte integrante da liturgia.

Existem, ainda, lacunas e falhas: um recíproco distanciamento entre músicos dotados de arte musical mais elaborada e a experiência comunitária da fé; celebrações em que alguém ou um grupo executa sozinho todos os cantos; animadores de canto nem sempre preocupados em criar um clima de oração e interiorização; desconhecimentos dos critérios fundamentais para a escolha dos cantos e de sua funcionalidade na liturgia; o uso abusivo dos folhetos litúrgicos; músicas que não estão de acordo com a ação ritual e os tempos litúrgicos; serviço de som deficiente e abuso do volume dos instrumentos musicais, bandas e grupos; demasiada mudança de repertório, que impede a participação ativa do povo; pobreza rítmica da assembleia; letras e músicas que deixam a desejar quanto ao conteúdo e à musicalidade; falta de criatividade musical; problemas relativos às missas transmitidas pelo rádio e pela televisão; falta de preparo dos presidentes de celebração; falta de formação litúrgico-musical nas Casas de Formação; dificuldades na aprendizagem dos cantos; o desafio de cantos para as celebrações especiais (casamentos, missas do sétimo dia, missas rituais); os coros polifônicos nem sempre fazem distinção entre música sacra e música litúrgica; exageros do individualismo intimista e do militantismo.

A arte sacra e o espaço sagrado

No capítulo 7, a Constituição *Sacrosanctum Concilium* aborda o tema da arte sacra e dos ornamentos sagrados, afirmando que eles espelham, por natureza, a infinita beleza de Deus a ser expressa de certa forma pelas obras humanas, e estarão mais orientados para o louvor e a glória de Deus se não tiverem outro fim senão o de conduzir piamente e o mais eficazmente possível, por meio de suas obras, o espírito do homem para Deus. A Igreja preocupou-se com muita solicitude para que as alfaias sagradas contribuíssem para a dignidade e a beleza do culto (SC 122).

Deus está presente em todos os lugares e não tem necessidade de um espaço para agir; nós, seres humanos, é que precisamos de coisas concretas, lugares específicos para realizar nossa ação cultual. É necessário que a assembleia se encontre em determinado lugar; assembleia e edifício caracterizam-se, sobretudo, pela celebração da Eucaristia, particularmente aos domingos, e dos demais sacramentos. O mistério da Igreja reunida em celebração reúne a pluralidade de carismas em um único sacerdócio de Cristo, que tem como fundamento o sacerdócio batismal.

A concepção de sagrado e profano não se limita a um espaço ou a um tempo determinado[1]. O mais importante não é o local da reunião, mas o mistério dos que se reúnem. O espaço litúrgico favorece esse mistério[2]. O Antigo Testamento reconhece como lugares de culto a Tenda, o Templo e, mais tarde, a Sinagoga. Os cristãos visitavam o Templo, mas logo começaram a se reunir nas casas. Em Roma começou-se a celebrar a Eucaristia nas casas. Com a liberdade de culto sancionada pelo imperador Constantino (ano 313), surgiram as basílicas e, a partir do século V, as igrejas. Posteriormente, o espaço sagrado evoluiu na estrutura e na concepção artística[3]. É preciso que esse espaço favoreça o encontro do homem com Deus, a dignidade e a funcionalidade das ações litúrgicas. Não é necessário que o templo seja suntuoso e rico, mas que seja símbolo de nossa fé.

---

1 Cf. GARCIA BAZÁN, F. *Aspectos incomuns do sagrado*. São Paulo: Paulus, 2002, p. 42-84.
2 Cf. BOROBIO, D. *Celebrar para viver.* São Paulo: Loyola, 2009, p. 67-73.
3 Cf. FIGUEIREDO DE MORAES, F. *O espaço do culto à imagem da Igreja*. São Paulo: Loyola, 2009, p. 25-46.

Para celebrar a Eucaristia, o povo de Deus reúne-se geralmente na igreja; na falta ou insuficiência desta, em outro lugar conveniente, digno de tão grande mistério. As igrejas e os demais lugares devem prestar-se à execução das ações sagradas, e os objetos destinados ao culto devem ser realmente dignos, belos, sinais e símbolos das coisas divinas[4].

"Se olhamos a liturgia como uma imagem da Igreja, então podemos admitir que a arte e a arquitetura são partes de seu vocabulário. O ambiente arquitetônico para a celebração da liturgia deve exprimir eloquentemente uma compreensão da liturgia que aí é celebrada. Não é exatamente uma sala para reuniões: é uma verdadeira casa, porque é a morada do Senhor. Uma igreja, mesmo que nela não se conserve o Santíssimo Sacramento, seria igualmente a casa do Senhor, por causa da presença do altar"[5].

A Igreja, afirma o Concílio, nunca considerou seu nenhum estilo de arte, mas aceitou os estilos de todas as épocas, segundo a índole e a condição dos povos e as exigências dos vários ritos, criando, assim, no decorrer dos séculos, um tesouro artístico que deve ser conservado cuidadosamente (SC 123). Deve-se promover a beleza mais que a mera suntuosidade e evitar a arte que repugna à fé e aos costumes, ou que ofenda o verdadeiro senso religioso. As igrejas são funcionais para viabilizar a participação ativa e frutuosa dos fiéis (SC 124).

João Paulo II, na Carta aos Artistas, afirma: "Toda forma autêntica de arte é, a seu modo, um caminho de acesso à realidade mais profunda do homem e do mundo. E, como tal, constitui um meio muito válido de aproximação ao horizonte da fé, no qual a existência humana encontra sua plena interpretação. Por isso, a plenitude evangélica da verdade não podia deixar

---

[4] Cf. CNBB. *Introdução Geral do Missal Romano*, n. 288.
[5] Cf. JOHNSON, C.; JOHNSON, S. *O espaço litúrgico da celebração*. São Paulo: Loyola, 2006, p. 20.

de suscitar, logo desde os primórdios, o interesse dos artistas, sensíveis por natureza a todas as manifestações da beleza íntima da realidade"[6].

A Constituição Litúrgica insiste em que se mantenha o uso de expor imagens nas igrejas à veneração dos fiéis. Devem ser, no entanto, em número comedido e não devem favorecer devoções menos corretas (SC 125). Também deve haver nas dioceses uma comissão de arte sacra (SC 126), sendo incentivada a formação dos artistas e dos peritos em arte sacra (SC 127). O que parecer convir menos à reforma da Liturgia, deve ser emendado ou abolido; o que, porém, a favorecer, deve ser mantido ou introduzido (SC 128).

A beleza está relacionada com a verdade e a bondade de Deus, com seu esplendor, com a harmonia que suscita agrado e admiração. Constitui uma realidade primeiramente interior que, em seguida, se visualiza em formas exteriores. Em sentido pleno, Cristo é a beleza visível de Deus invisível, beleza que a liturgia manifesta no hoje da celebração. "O ícone de Cristo testemunha uma presença, sua própria presença, que permite chegar a uma comunhão de participação, a uma comunhão de oração e de ressurreição, a uma comunhão espiritual, a um encontro místico com o Senhor, pintado em imagem"[7]. No entanto, o ícone foge de toda a representação naturalista, ao simbolizar o corpo humano de Jesus ou de um santo. Recorre à linguagem simbólica, uma vez que o corpo é representado como Templo do Espírito Santo (cf. 1Cor 3,16).

Conclusão

O Concílio Vaticano II lembra que "as alegrias e as esperanças, as tristezas e as angústias dos homens de hoje, sobretudo dos

---

6 Cf. BOROBIO, D. *A dimensão estética da liturgia*: arte sagrada e espaços para a celebração. São Paulo: Paulus, 2010, p. 14.
7 Cf. BOROBIO, D., op. cit., p. 23.

pobres e dos que sofrem, são também as alegrias e as esperanças, as tristezas e as angústias dos discípulos de Cristo" (GS 1).

Creio que entre essas alegrias e esperanças estão, com certeza, os frutos da reforma litúrgica, que viabilizou maior participação do povo cristão no mistério de Cristo. Inumeráveis foram as graças alcançadas por essa participação ativa, frutuosa e consciente na sagrada liturgia. Se houve alguns desvios de rota, desencontros e inadequada compreensão da profundidade e do alcance dessa renovação espiritual, isso foi abundantemente superado pelos acertos e pelos resultados positivos da renovação conciliar.

Houve quem reduzisse os princípios da renovação a mudanças de ritos. A liturgia, de fato, não se restringe a um complexo de ritos unidos entre si, de modo mais ou menos homogêneo. Ao mesmo tempo, deve-se excluir uma visão intimista da liturgia que quer prescindir de toda a tipologia ou rito. O sinal sagrado que é Cristo deve fazer-se presente nos sinais litúrgicos, dando-lhes sentido e eficácia.

Ocorreram abusos. No entanto, os acertos superaram em muito as mais otimistas prospectivas. O povo de Deus tornou-se sujeito da celebração, exerceu com maior consciência seu sacerdócio batismal, assumiu suas responsabilidades eclesiais de protagonismo evangelizador, vivenciou o mistério de Cristo.

Celebremos o dom que nos foi oferecido pela Constituição Conciliar *Sacrosanctum Concilium*. O homem contemporâneo, condicionado pelo trabalho, pelo ritmo alucinante da sociedade de consumo, vem perdendo, de certa forma, a capacidade de celebrar, de fazer festa, de contemplar o mistério de Deus. É preciso recuperar urgentemente o espaço da gratuidade, do encantamento, da gratidão. A liturgia possibilita essa experiência profundamente divina e fundamentalmente humana com Deus, que nos ama, que assumiu a morada humana para ser nossa habitação definitiva. Portanto, a liturgia celebra nos sinais sagrados o antegozo dessa união definitiva, na qual Deus será tudo em todos (1Cor 15,28).

Referências bibliográficas

CATECISMO DA IGREJA CATÓLICA, 9ª ed. São Paulo: Vozes/Paulinas/Paulus/Ave-Maria, 1998

COMPÊNDIO DO CONCÍLIO VATICANO II: *Constituições, decretos e declarações.* Petrópolis: Vozes, 1998.

MISSAL ROMANO, 12ª ed. São Paulo: Paulus, 2008.

ADAM, A. *O ano litúrgico.* São Paulo: Paulinas, 1982.

ALDAZÁBAL, J. *A Eucaristia.* Petrópolis: Vozes, 2002.

ARNAIZ, J.M. In AMERINDIA (Org.). *Conferência de Aparecida:* renascer de uma esperança. São Paulo: Paulinas, 2008.

AUGÉ, M. *Liturgia, história, celebração, teologia, espiritualidade.* São Paulo: Ave-Maria, 1998.

BECKHÄUSER, A. *Liturgia das horas*: teologia e espiritualidade. Petrópolis: Vozes, 2010.

_____. *Os fundamentos da sagrada liturgia.* Petrópolis: Vozes, 2004.

BOROBIO, D. (Org.). *A celebração na Igreja.* São Paulo: Loyola, 1990.

_____. *Celebrar para viver.* São Paulo: Loyola, 2009.

_____. *A dimensão estética da liturgia*: arte sagrada e espaços para a celebração. São Paulo: Paulus, 2010.

CARNEIRO LIRA, B. *Tempo e canto litúrgicos.* São Paulo: Paulinas, 2008.

CASARIN, G. *Lecionário comentado*: Quaresma-Páscoa. São Paulo: Paulus, 2009.

_____. *Lecionário Comentado – Advento-Natal*. São Paulo: Paulus, 2009.

CASTELLANO, J. *Liturgia e vida espiritual*. São Paulo: Paulinas, 2008.

CELAM, *Manual de liturgia*. V. 1. São Paulo: Paulus, 2004.

CHUPUNGCO, A. *Liturgias do futuro*. São Paulo: Paulinas, 1992.

CNBB – *Roteiros homiléticos, Ano B*. São Paulo: Paulus/Paulinas, 2005.

DE MELO, R.J. A participação ativa na liturgia: grande aspiração da Reforma Litúrgica do Vaticano II. In: DA SILVA, A.; SIVINSKI, M. *Liturgia, um direito do povo*. Petrópolis: Vozes, 2001.

DE SMEDT, E.J. *O sacerdócio dos fiéis*. In: Baraúna, G. (Org.). Petrópolis: Vozes, 1965.

DEISS, L. *A Ceia do Senhor*. São Paulo: Paulinas, 1985.

DOUGHI, A. Sacramentais. In: *Dicionário de Liturgia*. São Paulo: Paulinas, 1992.

FIGUEIREDO DE MORAES, F. *O espaço do culto à imagem da Igreja*. São Paulo: Loyola, 2009.

FLORES, J.J. *Introdução à teologia litúrgica*. São Paulo: Paulinas, 2006.

GARCIA BAZÁN, F. *Aspectos incomuns do sagrado*. São Paulo: Paulus, ano?

GASMANN, G. In: BROUARD, M. (Org.). *Eucharistia*: Enciclopédia da Eucaristia. São Paulo: Paulus, 2006.

GELIN, A. *A oração dos salmos*. Petrópolis: Vozes, 1966.

GELINEAU, J. *Em vossas assembleias*. São Paulo: Paulinas, 1975.

GRILLO, A. *Liturgia, epifania da Palavra de Deus na SC e nos outros documentos do Concílio Vaticano II*, palestra proferida no Seminário Nacional de Liturgia, Itaici, São Paulo, 31 de janeiro a 4 de fevereiro de 2012.

_____. *Liturgia, momento histórico da salvação na SC e nos demais documentos do Concílio*. Exposição no Seminário Nacional de Liturgia, Itaici, SP, 2012.

Referências bibliográficas

JOÃO PAULO II. *Carta Apostólica Dies Domini*, 1998.

_____. *Ecclesia de Eucharistia*, 2003.

JOHNSON, C.; JOHNSON, S. *O espaço litúrgico da celebração*. São Paulo: Loyola, 2006.

JUNGMANN, J.A. *Missarum Sollemnia*. São Paulo: Paulus, 2009.

LATOURELLE, R. *Teologia da revelação*. São Paulo: Paulinas, 1972.

LEÃO MAGNO. *Sermões sobre o Natal e a Epifania*. Petrópolis: Vozes, 1974.

LÓPEZ MARTÍN, J. In: BOROBIO, D. (Org.). *A celebração na Igreja*. São Paulo: Loyola, 2000.

LUTZ, G. *A oração dos salmos*. São Paulo: Paulinas, 1982.

MARSILI, S. *Liturgia, momento histórico da salvação*. São Paulo: Paulinas, 1987.

_____. *Sinais do mistério de Cristo*. São Paulo: Paulinas, 2010.

MARTIMORT, A.G. *A Igreja em oração*. Petrópolis: Vozes, 1992.

PAULO VI. *Alocuções*, Liturgia das Horas, V. I. São Paulo: Vozes/Paulina/Paulus/Ave-Maria, 1994.

_____. *Constituição Apostólica Laudis Canticum*. 1970.

_____. *Constituição Apostólica Missale Romanum*. 1969.

PAULO VI. *Mysterium Fidei*. 1965.

ROCCHETTA, C. *Os sacramentos da fé*. São Paulo: Paulinas, 1991.

ROSAS, G. *O tempo na liturgia*. In: *Manual de liturgia* II. São Paulo: Paulus, 2005.

SANTOS COSTA, V. *Liturgia das horas*. São Paulo: Paulinas, 2005.

_____. *Viver a ritualidade litúrgica como momento histórico da salvação*. São Paulo: Paulinas, 2005.

SEMMELROTH, O. A Igreja, o novo Povo de Deus. In: Baraúna, G. (Org.). *A Igreja do Vaticano II*. Petrópolis: Vozes, 1965.

SPERA, J.C.; RUSSO, R. In: CELAM. *Manual de liturgia*. São Paulo: Paulus, 2004.

VAGAGGINI, C. *O sentido teológico da liturgia*. São Paulo: Loyola, 2009.

VALENTINI, D. *Revisitar o Concílio Vaticano II*. São Paulo: Paulinas, 2011.